城市图书馆研究

第三卷第一辑

主管单位　杭州市文广新局

主办单位　杭州图书馆　杭州市图书馆协会

主　　编　褚树青

副 主 编　王世伟　粟　慧

执行主编　屠淑敏

编 辑 部　屠淑敏　吴宇琳　马臻加

编辑委员会

主任委员　周和平

副主任委员　钮　俊　张　朋　吴慰慈

委员（按姓氏笔画排序）

于良芝　王世伟　朱　强　刘洪辉　李国新　吴　晞

吴建中　邱冠华　陈传夫　张　勇　范并思　柯　平

倪晓建　徐　洁　郭向东　程焕文

图书在版编目(CIP)数据

城市图书馆研究.第三卷.第一辑/褚树青主编. --北京:国家图书馆出版社,2015.5
ISBN 978 - 7 - 5013 - 5568 - 6

Ⅰ.①城… Ⅱ.①褚… Ⅲ.①市级图书馆—研究 Ⅳ.①G258.22

中国版本图书馆 CIP 数据核字(2015)第 054549 号

书　　名	城市图书馆研究.第三卷第一辑	
著　　者	褚树青　主编	
责任编辑	高　爽　王炳乾	

出　　版　国家图书馆出版社(100034　北京市西城区文津街7号)
　　　　　　(原书目文献出版社　北京图书馆出版社)
发　　行　010 - 66114536　66126153　66151313　66175620
　　　　　　66121706(传真),66126156(门市部)
E-mail　　btsfxb@ nlc. gov. cn(邮购)
Website　www. nlcpress. com ——→投稿中心
经　　销　新华书店
印　　装　北京科信印刷有限公司
版　　次　2015 年 5 月第 1 版　2015 年 5 月第 1 次印刷

开　　本　787×1092(毫米)　1/16
印　　张　8.75
字　　数　150 千字

书　　号　ISBN 978 - 7 - 5013 - 5568 - 6
定　　价　54.00 元

卷首语

在当下互联网和信息技术的大背景下，城市公共图书馆的管理与服务正在发生根本性的变化，业界内外也都在关注和探索公共图书馆发展的新路径。所谓新空间、新业态、新服务是也。

很有趣，丹麦奥尔胡斯的新图书馆将于今年9月正式对外开放，其馆名将不再称为"图书馆"，而是冠以"城市媒体空间"，让人眼睛为之一亮。该馆的建设计划始于1990年，25年间，几经充实，几经修改，目标是要建造实际的图书馆与虚拟空间的结合，市民可以利用新的媒体、知识，互相见面，让感官和智力的高质量交流成为常态。我想，在这里，书仅仅是一种媒介，而知识与思想的交流将成为最主要的内容。无独有偶，日本岐阜的新馆也将在2015年7月建成开放，它将以"和谐的媒体宇宙"的名义集知识、休闲、文化等多元功能于一体。显然，二者具有异曲同工之妙。

世界各地的城市公共图书馆都在自觉或不自觉地走向文化、信息等多元功能的综合。与此同时，国内的城市公共图书馆也处在转型之中，许多超越时代的新思路、新做法不断涌现。本编中的作者从不同的维度表达了他们的所思、所求、所行，这些内容不仅反映了当下国内图书馆界的动态，也让我们看到了中国城市公共图书馆的未来。

目 录

Contents

从阅读素养到多元素养

吴建中

From Literacy to Literacies

Wu Jianzhong

摘要：我们正处在以借阅为中心向以学习为中心的多元服务体系发展的转型期,过去图书馆注重培养读者的阅读能力,今后将注重多元素养,与读者一起共同创造学习的环境。本文在对国内外图书馆创新实践进行梳理和分析的基础上,对未来图书馆的发展做一些探索性的思考。

关键词：公共图书馆,学习型社会,阅读素养,多元素养

Abstract：Libraries are entering a transitional period from a lending-centered service system to a learning-centered one. In the past years, libraries paid more attention to the literacy education, but now they should give attention to multi-literacies programs and develop a new environment for learning with their users. The article discusses some exploratory points on the basis of reviewing the libraries' best practices home and abroad.

Keywords：public library, learning society, literacy, multiple literacies

近年来,全球图书馆界在经历了网络化和信息化的挑战后正酝酿着一场重大变革。不少图书馆大胆改革,勇于探索,积极打造适应 21 世纪社会与经济发展的新经验和新模式。新时期图书馆应该具有什么样的形象、提供什么样的服务已经成为人们广泛关注的焦点。本文在对国内外图书馆创新实践进行梳理和分析的基础上,围绕"素养"和"技能",对未来图书馆的发展做一些探索性的思考。

1　图书馆是否仍应以外借为中心?

在相当长的时间里,图书外借是公共图书馆最基本的业务活动之一,它以最单纯的方式实现公共图书馆的本质功能。为此,许多国家都明确地提出外借服务的量化指标,并根据这一目标来配备必要的藏书量、购书费以及图书馆工作人员数量等。比如,在日本,根据《公共图书馆的任务和目标解说》(1995 年版)[1],以 20 万人口的城市为基准,以 1 所中央图书馆、7 所分馆、2 部流动书车为例,应该达到注册率 30%,每年人均外借图书 6 册。该市的公共图书馆系统,至少应配置有 30 万册以上的开架藏书。按照年人均外借 6 册以上的目标,中央图书馆应达到 24 万,7 所分馆应达到 84 万,2 部流动书车应达到 12 万,总计年外借册数 120 万。为此,该公共图书

吴建中,上海图书馆馆长,研究馆员。Email：jzwu@ libnet. sh. cn

馆系统每年购书不应少于 5 万册(人均 2100 至 2500 日元)。另外,从专业馆员的人员配置要求来看,要达到 120 万册次的外借量,需要专业馆员 60 人,即人均服务 2 万册。随着开馆时间和外借册数的增加,馆员或临时工的人数也应相应增加。

近年来,这一追求外借数量而忽略服务质量和内涵发展的外借至上的图书馆服务模式面临挑战。人们开始思考图书馆存在的目的是否仅仅是为了提供图书和信息。1995 年 12 月,美国图书馆协会在《美国图书馆》杂志上发表了"美国图书馆事业发展的 12 条宣言",在图书馆界引起了很大的反响。这 12 条宣言是:(1)图书馆向市民提供知情的机会;(2)图书馆应消除社会的障碍;(3)图书馆是改变社会不公平现象的基地;(4)图书馆尊重个人的价值;(5)图书馆培育创造精神;(6)图书馆为儿童打开心灵的窗户;(7)图书馆的服务会得到社会应有的回报;(8)图书馆构建社会群体;(9)图书馆是系紧家族的纽带;(10)图书馆激励每一个人;(11)图书馆提供心灵的圣地;(12)图书馆保存历史记录[2]。

以纽约皇后区图书馆为例,过去图书馆 80% 的业务是图书外借。皇后区图书馆曾经被誉为美国图书流通量最高的公共图书馆[3]。但是今天,该馆外借业务仅占 30%,70% 的精力投入到非传统的推广活动(programs)上,如求职信息、求职技巧、语言培训等,根据美国图书馆协会的统计,全美公共图书馆平均每天就有 1 场活动[4]。这已经成为美国公共图书馆服务的常态。经过一段时间的转型,欧美图书馆的主流业务已经从重借阅转向重综合素养的提升,更加关注为人的全面发展提供基本技能的服务。

2　提供信息还是知识分享?

"美国图书馆事业发展的 12 条宣言"向我们传递了什么重要信息呢?这一点从第 1 条就可以看得出来:图书馆向市民提供知情的机会。整个 12 条宣言明确了图书馆与社会以及人的全面发展之间的关系。在这里,图书馆超越了"信息提供"的范围,强调了图书馆与社区的共生和共享[5]。在《21 世纪图书馆新论(第二版)》中,日本图书馆情报大学原副校长竹内悊教授提出"社区就是与阅读有关的生活圈"这样一个命题,突出了图书馆是社区知识共享空间的概念。日本知名图书馆专家根本彰提出公共图书馆是"公共圈形成之场所"[6],也就是说图书馆不是仅仅提供信息的场所,而应该成为与社区形成紧密关系的知识分享空间。

公共图书馆从成立的第一天起就是一个知识分享的空间。欧美公共图书馆前身是会员制图书馆,也叫做社交图书馆(social library)。在美国,最早的社交图书馆由本杰明·富兰克林创办的。1727 年富兰克林建立 Junto(秘密讨论组),由于讨论要有论据和资源,所以于 1731 年创立费城图书馆公司。1849 年 3 月,上海近代历史上最早的图书俱乐部在托马斯·柯克医师家诞生。读书俱乐部也可以称为社交图书馆,1851 年改名为所谓的"上海图书馆",但它只对会员开放。1879 年在接受工部局资助后对外国人免费开放阅览。从工部局档案中可以看到,最初该馆曾有建图书馆设施的设想,目的是为了方便"商业和社交"。所以,可以说近代公共图书馆起源于社交图书馆[7]。

最近欧美一些国家兴起了"合作办公"(coworking)热。这一词汇最早出现于 1999 年,到 2006 年形成了一个比较完整的形态和概念。如同早期富兰克林需要一个社交图书馆一样,今天人们需要一个可以分享知识和经验的空间,有人把这一集聚称为"Jelly!",很快"合作办公"伴随着图书馆的信息共享空间(IC)流行起来[8]。如今已经有一些图书馆将这一模式引进图书馆,如芬兰赫尔辛基市图书馆的城市办公室(Urban Office)和新加坡图书馆近期开设的智能工作中心(Smart Work Centre)等都是以"合作办公"为共享模式的知识交流空间。

3 从"学历社会"向"能力社会"转型中图书馆应扮演什么样的角色?

21 世纪是终身学习的世纪。各国都把终身教育放在重要的议事日程上。加拿大信息高速公路咨询委员会提交的一份报告指出,在知识成为主要资源的全球经济中,国家人才资源的质量成为确保竞争力的关键。在知识经济社会中,促进繁荣的关键在于工作者对信息的有效利用。学习必须扩展到工作和生活的每一个方面[9]。1990 年,日本颁布了振兴终身学习的法律,提倡讲学习,克服讲学历的思想。学习化社会强调的不是过去曾经学过什么,而是现在正在学习什么和怎样学习[10]。

今天,"学历社会"正在逐渐地被"能力社会"所取代,人们对越来越严重的技能缺口(skills gap)现象开始进行深刻反思。据普华永道(PWC)对全球 39 个国家 4 万个企业的调查,34% 的企业认为难以找到合适的人

003

才[11]。这一问题在发展中国家更为严重,据有关调查显示,上述比例在中国高达 74%,其后依次为巴西 63%、俄罗斯 57%、印度 53%[12]。在中国,一些跨国公司经常从海外调人出任在华高管,而不聘用中国人。尽管中国每年有超过 60 万的工程专业毕业生,但具有外国跨国公司所需技能的仅有十分之一[13]。

在实体经济回归的时代,城市要转型,学校教育也要反思。以前一味追求大学扩招,好像只有大学本科以上的才是人才。有调查发现,在不远的将来只有三分之一的人需要四年制大学教育,而对于余下的三分之二的人,职业教育是最合适的选择[14]。近年来全球都存在严重的技能鸿沟现象。有一项调研表明:有超过一半的企业无法找到有合适技能的学生,就小企业而言,67% 认为很难找到技术工[15]。学校教育需要反思,图书馆也需要反思。我们不能指望大学教会学生走向社会后的所有技能,所以提倡终身学习,而图书馆就是终身学习的最佳场所。在整个社会从学历社会向能力社会转型的过程中,图书馆应主动承担起终身教育的社会责任,更加关注为人的全面发展提供基本技能的服务。

4　图书馆如何为社会发展做贡献?

每一届国际图联主席都有自己任期的目标,新任主席希妮卡·希皮拉(Sinikka Sipilä)关注两大问题:一是图书馆对社会发展的影响,一是技术发展对图书馆的挑战。希皮拉主席的“主席主题”是“强大的图书馆,强大的社会:图书馆促进社会发展”。要深刻理解新主席的主题,我们需要特别关注 2013 年新加坡年会期间发布的两份文件,一份是 8 月 16 日颁布的《国际图联关于图书馆与发展的宣言》(*IFLA Statement on Libraries and Development*),一份是 8 月 19 日公布的《国际图联趋势报告》(*IFLA Trend Report*)。该主题意义深远,它为全球图书馆新一轮的发展指明了方向。以前我们关注图书馆与阅读的关系,现在更需要强调图书馆与社会发展的关系。

众所周知,联合国千年发展计划(Millennium Development Goals)到 2015 年年底就要到期了,联合国正在推进“后 2015 国际发展议程”,各国及国际组织都在争取在后 2015 计划中有更多的话语权。国际图联也不例外,它通过参与国际电信联盟的“信息社会世界峰会”来表达“获取信息将成为支撑发展的根本要素"的立场。国际图联从 2003 年峰会发起到现在，都在积极参与并表明国际图书馆界的立场。最近发表的《图书馆与社会发展宣言》强调，图书馆要在社会发展的参与中实现自身的价值。从最近发表的一系列报道来看，图书馆尤其是公共图书馆的重心将逐渐从阅读向包括阅读在内的更广泛的素养转移，而且更加突出信息素养和技术素养，让更多的人能通过掌握这些技能，增加工作机会，提高创业能力，提升生活品质。以前图书馆重视阅读，将借阅列为主要业务，而讲座、培训、文化活动等列为次要或延伸性的业务。今天，这种现状正在改变，图书馆不仅将借阅与讲座、培训及文化活动并列，而且以将"图书馆推进社会发展"为新使命，积极参与到社会发展的进程之中。

5　从重阅读素养向重多元素养的转型

以前图书馆的文化被认为是一种阅读文化，即 culture of literacy。"literacy"指的是读写能力，就是我们通常说的"3R"（reading，writing，arithmetic），即读、写和计算能力。这是一个人生存和工作的最基本能力。早期公共图书馆最重要的一项任务就是扫盲。如今，全球识字率普遍提高了，但现在找工作光有读写能力是不够的，还需要具备较高层次的素养，如信息素养、技术素养、科学素养、职业素养等，而其中最基本的是信息素养。因此，图书馆的文化不再限于阅读的文化，而向多元素养拓展，成为 culture of literacies，变成了复数的素养了。美国有一个网站叫"超越素养"（Beyond Literacy）。实际上它是一本书，由加拿大圭尔夫大学图书馆里德莱（M. Ridley）馆长主持编写，全书有 20 章，呈互动、开放状态，由一批学生共同参与并维护。这本书告诉我们，现在是"后素养"（post literacies）时代，所谓"后素养"，指的就是包含信息、数字、技术等多元素养[16]。

《超越素养》这本书给予我们什么启示呢？就图书馆而言，以前更注重阅读。现在图书馆的主流业务已经从重借阅转向重综合素养，更加关注为人的全面发展提供基本技能的服务。

2013 年 1 月 31 日，英国图书馆长协会（Society of Chief Librarians，SCL）发布的关于公共图书馆基本服务领域的报告，提出未来公共图书馆将聚焦四个领域：健康、阅读、信息和数字。图书馆为民众提供与阅读素养、信息素养和数字素养有关的服务比较容易理解，近年来不少图书馆在这些方面积累了新经验,取得了新进展,但把健康服务摆在如此重要的地位,是值得我们关注和思考的。该报告要求英格兰和威尔士的公共图书馆为社区居民提供非诊所型社区空间,即给予居民向医疗专家咨询的机会,以及获取健康资源的便利。一项名为"有关药方的图书"活动在一些医疗机构的资助下正在英格兰各地图书馆展开[17]。美国亚利桑那州的琶马(Pima)郡也有一个图书馆护士项目。据《亚利桑那每日星报》(Arizona Daily Star)报道,该郡为了给那些无家可归的人、未加入健康保险的人以及没有上网机会的人提供医疗信息服务,由郡政府雇佣护士,为各公共图书馆提供健康诊断巡回服务[18]。

此外,就业咨询服务在国外比较普遍,如在美国,就业咨询服务已经成为公共图书馆的常规项目。据《美国2013图书馆现状》报告,四分之三的公共图书馆提供软件及其他资源帮助读者填写求职申请,寻找求职信息,90%以上的公共图书馆提供正式或非正式的技术培训。国际图联《图书馆与社会发展宣言》强调,图书馆要为提升民众的职业素养服务,为城市就业和减贫做出贡献,明确提出了公共图书馆提供就业指导的功能。美国公共图书馆为就业提供信息服务的实践表明,图书馆在促进城市转型和扩大就业方面是可以有所作为的。

相比之下,国内大多数图书馆仍处在以借阅为中心的状态,即使是一些开放不久的新馆,在新馆筹建调研中也没有预测到图书馆会发展得这么快。一般来讲,我们看一个新馆不仅是看它的建筑艺术或专业功能如何,而是考察它的未来性,因为每一个新馆在调研的时候都会确保其在未来十年、二十年不落后,但我们是否预测到以借阅为中心的服务模式已经到头了呢? 借阅是图书馆的主流业务之一,这一点在我们有生之年是不会改变的,但新的业务正在兴起,我们应有足够的思想准备。

今天,我们正处在以借阅为中心向以学习为中心的多元服务体系发展的转型期,过去我们注重培养读者的阅读能力,现在我们将与读者一起共同创造学习的环境,不仅读者要学习,馆员也要学习,而且是互动的学习。学习方式变化了,图书馆服务的方式也要跟着变化,以前更强调馆员为主体,对读者开展阅读辅导,现在更强调互动式的学习,读者之间也可以开展学习辅导和交流。今后,图书馆不仅要重视阅读素养,也要为提升民众的职业素养服务,为城市就业和减贫做出贡献;为提升民众的学习能力服务,造就一批具有数字和技术素养、面向未来的人才。现代科学技术的蓬勃发展为图书馆施展用武之地提供了无限的可能性,所以图书馆要适应形势的发展,拓展自己的空间。

6　结论

全球有2.3万多个公共图书馆设在发展中国家或转型中国家的社区内,约占全世界公共图书馆总数的73%。这些图书馆提供多种培训,包括如何使用电脑及社交媒体获取信息,如何利用信息与新市场建立联系或寻找资本创建企业,以及如何利用目前的医疗研究成果治疗疾病等。图书馆员坚信:现代公共图书馆可以协助推动经济与社会发展[19]。从阅读服务向多元素养服务拓展是国际图书馆发展的大趋势。图书馆不仅自身要创新,要转型,而且要让社会上更多的人都能跟上创新的节奏和转型的步伐。对图书馆来说,这是新的起点上再出发的一个动力,更是向社会充分展示自身价值的一次机会。

参考文献

1　日本図書館協会図書館政策特別委員会. 公立図書館の任務と目標[M]. 東京:日本図書館協会,1995

2　吴建中. 21 世纪图书馆新论(第二版)[M]. 上海:上海科技文献出版社,2013

3,4　SANBURN J. A Bookless Library Opens in San Antonio. Times. 13 September 2013 [EB/OL]. [2013 – 09 – 22]. http://nation. time. com/2013/09/13/a-bookless-library-opens-in-san-antonio/

5,6　鈴木均. 貸出至上主義の先に何があるのか——浦安市立図書館の実践の示すもの[J]. 21 世紀社会デザイン研究,2002(1)

7　吴建中. 建中读书:社交型图书馆 [EB/OL]. [2014 – 03 – 20]. http://www. wujianzhong. name/? p = 2145

8　河村奨. 知の貸し借りの場:コワーキングから生まれる図書館たち. カレントアウェアネス,No. 319[EB/OL]. [2014 – 03 – 20]. http://current. ndl. go. jp/ca1814

9　Information Highway Advisory Council Secretariat. Connection, Community, Content:the Challenge of the Information Highway [EB/OL]. [1997 – 05 – 16]. http://strategis. ic. gc. ca/cgibin/dec/wwwgetch?/stml/ih01037e_pr702. sgml

10　塩見昇. 図書館概論[M]. 東京:日本図書館協会,1998

11　PWC. New solutions to close the skills gap［EB/OL］.［2013 – 09 – 06］. http://www. pwc. com/us/en/people-management/publications/solutions-close-skills-gap. jhtml

12　Survey：Skills Gap Hurting Top 10 Economies. TM Talent［EB/OL］.［2013 – 09 – 01］. http://talentmgt. com/articles/view/survey-skills-gap-hurting-top-10-economies

13　福鲁哈尔. 美媒：中国大学毕业生缺乏"软技能"［EB/OL］.［2013 – 07 – 10］. http://news. xinhuanet. com/cankao/2013-07/01/c_132500583. htm

14　PWC. New solutions to close the skills gap［EB/OL］.［2013 – 09 – 03］. http://www. pwc. com/us/en/people-management/publications/solutions-close-skills-gap. jhtml

15　More on closing the 'Skills Gap' … Resume Not［EB/OL］.［2013 – 09 – 06］. http://resumenot. com/blog/

16　RIDLEY M. Towards post literacy：Beyond literacy［EB/OL］.［2013 – 09 – 06］. http://www. beyondliteracy. com/towards-post-literacy/

17　Launch of the Universal Offers The Society for Chief Librarians.［EB/OL］.［2013 – 11 – 26］. http://www. goscl. com/wp-content/uploads/2013/01/Launch-of-the-Universal-Offers-Media-Pack. pdf

18　吴建中. 建中读书：图书馆护士［EB/OL］.［2012 – 11 – 28］. http://www. wujianzhong. name/? p = 1874

19　Beyond Access：Library powering development［EB/OL］.［2013 – 11 – 25］. http://beyondaccess. net/

城市图书馆研究 2014 年第三卷第一辑　　Journal of Metropolitan Library　Vol.3 No.1 2014

略论 SoLoMo 信息服务架构与基础技术对城市图书馆发展的影响

许建业　黄　红

The Impact of SoLoMo Information Services Architecture and Underlying Technology for the Development of City Libraries

Xu Jianye　Huang Hong

摘要：SoLoMo 理念正成为城市图书馆发展的关键要素。本文阐述了城市图书馆 SoLoMo 信息服务架构的意义、方法路径以及云计算技术基础。依托便捷的、可定位的移动工具,实现城市图书馆为读者提供"社会化""互动性"和"个性化"服务的目标。

关键词：城市图书馆,SoLoMo,IA ,云计算

Abstract：SoLoMo concept is becoming a key element in the development of the city library. The paper expounds the significance, approach and cloud computing technology base of city library SoLoMo information services architecture. The author believes that city libraries will realize the target of providing social, interactive and personalized services by relying on the convenient moving tool which can be located.

Keywords：city library, SoLoMo, IA, cloud computing

1 SoLoMo 与现代城市图书馆

随着图书馆事业的发展与城市现代化的推进,"城市图书馆"这一概念被越来越多地使用。城市图书馆主要以城市为地域空间,从图书馆的布局结构、工作内容、任务职能以及信息技术应用等方面来对城市图书馆的发展进行研讨和规划。通常人口在 10 万以上的小城市或 1000 万以上的大都市图书馆及其涵盖的市、区、街道、社区等各级公共图书馆、少儿图书馆、科研图书馆及各企事业单位图书馆、流动图书馆等都包含在城市图书馆的概念里。正如国际图联大都市图书馆委员会主任施·伊特伦所说：城市图书馆在图书馆领域是一个重要的且具有影响力的机构。

互联网和信息技术给城市图书馆在生存发展、管理、服务、资源建设等多方面带来了深刻变化。2011 年 2 月,著名的 IT 风险投资人约翰·杜尔(John Doerr)提出一个概念 SoLoMo,即 so—social 社会的、社交的,lo—local 本地位置 , mo—mobile 移动

许建业,南京图书馆副馆长,研究馆员。Email：xujy@jslib.org.cn

黄红,南京图书馆信息技术应用部主任,研究馆员。

网络。他将这三个最热门的关键词整合到一起,构成一个天才词汇:SoLoMo。此概念一出即风靡全球,被广泛应用于各个领域,展现出互联网的发展走向。

SoLoMo 使互联网的交流方式、内容及手段上发生了巨大的变化。在交流方式上,出现了双向交流、网状的多元交流模式,每个人既是信息的接收者,同时也是信息的发出者。复杂的网状信息交流结构,替代了以往个体仅作为信息接收者的被动的单向交流,每个个体都成为信息源,信息量成倍增长。在交流内容方面,SoLoMo 使互联网的交流内容变得更加广泛,文字、图片、视频等多媒体形象生动、丰富多彩,随着 SoLoMo 社交平台被广泛传播。在交流手段上,SoLoMo 凭借手机等终端的普遍性、便捷性及其定位系统,体现了信息传播交流的随时、随地的灵活性。如果说传统的信息传递内容很大程度上需由信息源决定,SoLoMo 的信息源则更多体现为:由个人发出信息请求,其他信息节点或相应信息主动向个人汇聚的丰富性和聚类性。当前有很多服务机构通过对个人信息爱好倾向性的分析,通过对个人空间位置变化的跟踪,主动向个人提供有针对性的信息和服务。也有很多全球性的 SoLoMo 互联网平台,如微信已成为大众日常信息生活的重要组成部分。

2　图书馆 SoLoMo 信息服务研究的意义

21 世纪初,图书馆信息技术应用出现了 Web2.0 化和移动化两股热潮,经过十多年的发展,Web2.0 化和移动化逐渐合流成 SoLoMo 的产物。SoLoMo 在图书馆的应用可被视为移动图书馆的 2.0 版。图书馆在将其各类服务功能初步实现"移动化"之际,发展了基于移动的"社会化""互动性"和"个性化"等特性的图书馆 SoLoMo 服务功能。SoLoMo 作为互联网最新特征的应用理念和模式,对图书馆全面融合现代信息技术的成果,重新审视图书馆的服务理念和服务模式,正产生着深远的影响。

近年来,许多城市图书馆建立了移动服务平台,通过手持终端(手机)来完成传统意义上的图书馆的查询、流通、阅览、预约和咨询等基础业务或对拥有的资源提供简单的传播。SoLoMo 时代,信息载体更多体现为数字化,传统的纸质文献在数量和使用程度上,已经被数字文献所超越。数字文献因其生产制作简便、复制成本低、传递携带方便等特点,已经成为城市图书馆用户获得知识的首选。目前,图书馆的知识服务,特别是城市区域范围内图书馆间提供的联盟性服务,大多都以数字文献为主。由于数字资源的版权大多集中在数据库制作商手中,图书馆实际上成为购买数字文献中间用户,在向自己的读者提供终端服务时受到数据库制作商的种种限制。城市图书馆可以通过区域联盟等方式,运用多层次的应用平台,利用各种媒体、通道、交互方式与图书馆海量信息资源进行整合,嵌入至读者的信息环境中,或通过直接面向最终的知识源——读者来挖掘与建设图书馆自主的数据库,从而为读者提供"社会化""互动性"和"个性化"的移动服务,真正实现城市图书馆在SoLoMo环境下的信息共享。

3　城市图书馆应用SoLoMo的现状

当前,国内主要图书馆所开展的信息服务功能已基本达到"社交 + 本地化 + 移动"的标准。人们通过微博、微信等公众服务平台,成为图书馆SoLoMo的用户,使用手机等移动终端访问图书馆信息平台,浏览图书馆提供的信息推送、网络社区互动服务等。微信是一种典型的SoLoMo服务平台,目前国内许多的城市图书馆都建立了"微信公共服务平台",例如南京图书馆、杭州图书馆、上海图书馆、首都图书馆、深圳图书馆、温州市图书馆等都能利用微信平台,定期发布图书馆相关信息。读者通过此微信平台,获取图书馆定期推送的活动、讲座、电影、展览、新书介绍等各类信息;一些城市图书馆也充分利用该平台向读者提供图书馆的基础服务,如检索、预约、续借、我的借阅、书刊借阅排行、常见问题和参考咨询等服务;还有的城市图书馆利用微信定位功能(LOCAL)提供"附近图书馆"等便民服务。通过图书馆微信服务平台,读者可以向馆方提出建议,实现与图书馆员的互动。读者还可借助这些平台找到兴趣相同或相近的朋友,促进读者间的网络互动。

SoLoMo在图书馆中的应用已初显成效,但仍存有一些突出问题,表现在:(1)大部分图书馆侧重于移动阅读服务的建设,在图书馆社交网络方面的建设步伐较慢。如图书馆的微博、微信等互动平台还没有被大范围推广利用,互动模式简单、交互程度较低、形式单一;(2)不同

011

信息资源提供商定制开发的移动图书馆系统之间因其利益关系,互不兼容;(3)图书馆现有的各类业务系统、管理系统或自行研发的基于 WAP 的手机数字图书馆系统中,能支持 SoLoMo 服务的很少;(4)购置的移动服务平台还不能完全适用于各类低端、中端的移动设备。这些都是城市图书馆 SoLoMo 信息服务在普及与深化方面需要着力解决的问题。

4　图书馆 SoLoMo 信息资源服务架构的探讨

4.1　信息架构

信息架构(information architecture),简称 IA。此概念由美国建筑师 Wuman 提出,最初的含义是指组织信息。随着互联网与信息技术的发展,在网站设计和信息组织的实践中,人们意识到不仅要对信息进行组织,更重要的是使其成为一种体系,信息架构的理念越来越被人们所重视。目前,IA 通常指组合网站的结构要素(如组织、标签、导航、搜索以及词表数据系统等),创建信息产品和体验的艺术与科学,从而与网站建设团队共享信息环境的结构化设计。IA 的主体对象是信息,主要研究的内容是信息表达与传递。合理的组织信息的展现形式,为信息与用户认知之间搭建一座畅通的桥梁是 IA 的主要任务。

4.2　图书馆 IA 与 SoLoMo IA 比较分析

从"图书馆学"视角来看,图书馆资源体系架构(IA)的建立基础是根据图书馆学情报学国际标准规范,中图分类法、UNIMARC、CNMARC 等体系建立的知识索引体系,知识节点之间存在着相关性。一般泛指的 SoLoMo IA 主要是由其运作特点决定的。其组织形式是社区,因不同社区之间的知识体系不存在因果关系,构建出发点以活动为主,展示的主要是过程,内容体现形式是分散的,因此整个网络信息呈现较为疏松的结构特征。

SoLoMo 服务既是知识吸收者,更是知识创造者。SoLoMo 组织形态具有以下特性:(1)模糊性,即因信息类属划分的不明确所引起的判断上的不确定性;(2)异质性,即因信息是由不相关或不相同的部分所组成而导致的特性。模糊性使得知识分类系统的基础不稳固,异质性使得在内容上难以建立某种单一的结构化组织系统。规范这些模糊性与异质性,将成为图书馆 IA 与 SoLoMo IA 工作的交集。图书馆 IA 与 SoLoMo IA 的相同点,具体表现在专有词条的建设、维护等方面。目前这类工作尚未在图书馆全面开展。

4.3　城市图书馆 SoLoMo IA 研究内容

研究 SoLoMo 信息资源的组织形态、传播方式、服务方式、传播工具是 SoLoMo 环境下城市图书馆信息资源服务架构的主要内容。

(1)组织形态的研究。研究 SoLoMo 模式下,各个社区功能需求特点与图书馆服务方向的关系。研究如何以图书馆数字资源为基础,推动社会化数字资源共建共享工作的开展。主要表现在制定城市图书馆 SoLoMo 信息交流规范、准则,整理编审信息条目等方面。

(2)传播方式的研究。统计分析各个社区公有、专有的信息传播需求的差异,兼顾专有知识体系和公共知识体系差异,建立相应城市图书馆 SoLoMo 信息交流标准。

(3)服务方式的研究。正确对待知识产权保护和信息交流需求的矛盾,根据 SoLoMo 信息传播和服务的特点,探讨城市图书馆如何化解知识产权和信息共享之间的矛盾。

(4)传播工具的研究。根据目前移动通讯智能机的特点和运用需求,探讨城市图书馆移动知识信息服务内容、平台建设、端点建设的工具和方法。

SoLoMo 环境下,城市图书馆可着手开展具有特点的社区平台建设。研究社区建立的许可条件、组织人的资格,发布内容规范,发布许可体系标准,规范电子社区行为,制定图书馆电子服务标准体系;城市图书馆还应根据专有数据资源要求,制定专有文件格式,保护特有资源的专属性;探讨数字知识产权在图书馆使用的延伸特点和规范要求,开发多种移动操作系统使用的移动终端软件,提高图书馆的智能化、社交化、移动化和本地化等多种发展趋势,重构 SoLoMo 环境下图书馆的运作体系,为用户提供无所不在的知识服务。SoLoMo 引领图书馆信息技术新的革命,利用信息技术架构起用户社交、移动和本地之间的桥梁,为城市图书馆在 SoLoMo 环境下生存发展探索道路。

013

4.4 城市图书馆 SoLoMo 数字资源整合

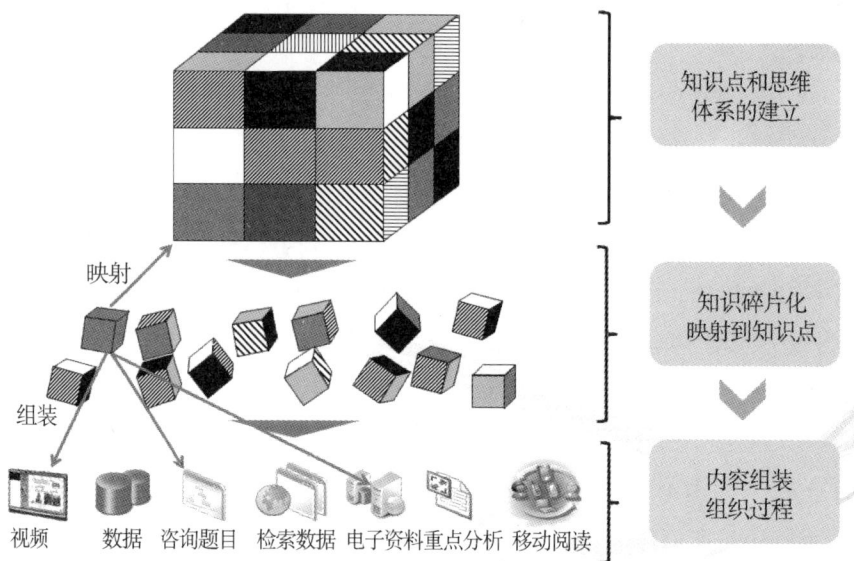

图书馆 SoLoMo 服务的数字资源来源

如上图可见,专题信息的组织,信息自组织(社区)的形成,自组织(社区)行为的督导与约束,形成了 SoLoMo 服务的数字资源来源,这些资源的体系化遵循以下三个步骤:

(1)知识点和思维点体系的建立:可根据图书馆的信息架构规范建立。

(2)知识碎片化映射到知识点:可由 SoLoMo 服务所产生的知识采集归纳完成。

(3)内容组装组织过程:这是整合个体(社区)知识形成体系的过程,图书馆需协同提供实现这一过程的工作流程的方法,它可实现图书馆现有知识与新知识点的融合。

5 城市图书馆 SoLoMo 信息服务技术支撑

5.1 城市图书馆 SoLoMo 服务云计算技术

理论上讲,云计算是一种新型的计算模式,它依赖的不是个人电脑,也不是独立的服务器,而是用户无需关心其内部结构的"云"。云计算将所有的计算资源集中起来,并由软件实现自动管理,无需人为参与。在云计算的基本结构中,主体部分是由多台服务器组成的"云",为了使集群服务器的计算能力最大化,提高计算效率,降低系统故障率,减少技术管理人员成本和硬件成本,使城市图书馆区域范围内的用户能够"像使用水电一样地使用计算",云计算技术将是 SoLoMo 环境下城市图书馆优选级的技术保障。

随着城市图书馆的不断发展,数字资源迅猛增长,读者量和读者信息需求不断增多,城市图书馆计算机系统管理成为不可忽略的问题。云计算通过虚拟化技术,按照即插即用的方式自助管理计算基础架构,形成高效资源池,以按需分配的服务形式提供计算能力。云计算可以在其上面任意加载操作系统和应用软件,自主打开和关闭虚拟服务器,可多次克隆服务器以满足突发工作负荷需求的能力。云计算可以存储并保护巨量数据,而且这些数据可根据实际需求,授权相应的应用程序和用户访问权限,具有自管理的便利性。云计算随时可扩展的计算能力,能够非常方便地适应用户业务发展需求。云计算技术提升了服务的可靠性、可用性,从基础架构层面获得了高配的单台服务器无法达到的功能。云计算的服务虚拟化技术使多台服务器互为主备、相互冗余,提高了业务连续性的级别,降低了故障率、减少了系统宕机的时间。云计算技术让每台设备都能托管多种操作系统,最大限度地提高了利用率,降低了服务器数量,通过虚拟管理中心,可以统管该云架构中所有服务器。随着城市图书馆各种服务的开展,云计算的高安全性、可靠性,以及便捷的管理,可为城市图书馆的读者提供高质量的服务。

云计算的实质是让用户能够随时随地访问和获取数字图书馆的知识资源服务,也就是说,用户在互联网的任何地方都能得到和在图书馆馆内一样的体验,而这恰恰是城市图书馆服务拓展的重要方面。如何适应云计算发展的新要求,并利用云计算技术来创建城市数字图书馆的云服务体系,关系到城市图书馆在未来信息社会中的生存。研究 SoLoMo 环境下城市图书馆云计算架构及其应用,对拓展城市图书馆事业,加强城市图书馆数字文化资源在各领域的推广,探索新的服务模式具有广泛和深远的意义。

5.2　城市图书馆海量资源的云存储技术

云存储是在云计算基础上延伸和发展出来的一个新概念。它通过集群应用、网格技术、分布式管理系统、虚拟存储等技术, 将互联网"云"中大

015

量各种不同类型的存储设备通过软件集合起来协同工作,共同对用户提供数据存储和业务访问功能。图书馆云存储系统是指采用先进的云计算技术、网络通信技术以及分布式文件系统技术,将廉价的、性能低下的硬件存储节点,通过云存储系统软件实现统一管理和容错,提供高性能、高可靠的存储系统。云存储与传统存储的区别主要表现在:网格计算、分布式文件系统、并行计算扩展模式、虚拟资源池等方面。

云存储更强调能力的集中化,特别是原有数字资源系统。将原有数据库资源具备的能力要全部迁移到云存储中,然后由云存储平台提供这种能力,调配这种能力。将每个数据应用系统(服务)集中到云存储来统一建设和管理。建设完成的能力再通过服务化方式提供出去。如果说传统备份存储主要是用牺牲性能换取安全,云存储则是在可预见的安全策略下,在保持原有数据库系统功能的基础上,增强了数据读取能力,从呈现对外服务的角度上,增强了数据服务能力。

近年来,由单馆向群馆发展的集群管理模式成为城市图书馆一个发展方向。海量的数字资源、广泛的不同的空间分布模式、无处不在的读者和良莠不齐的社交网络信息等,这些城市图书馆的发展需求,需要靠强大的云计算、云存储技术来支撑。

6　结语

随着城市图书馆设施与功能的不断完善,面对越来越多的读者需求与信息服务类型,高效率地提升用户体验度正日益成为推动图书馆移动服务发展的原动力。随着 SoLoMo 在图书馆应用中的推广,产生的信息源会以碎片化的形式时刻伴随着用户,用户对图书馆的依赖程度也势必增强。通过新方式、新手段,让读者对 SoLoMo 信息服务长期保持新鲜感,从而吸引读者、留得住读者,把城市图书馆打造成移动信息中心和学习中心,扩大 SoLoMo 服务平台的辐射范围。在云环境下,利用云计算技术、物联网技术和移动计算技术,构建城市图书馆短信服务平台、信息资源一站式检索平台、互动交流平台等 SoLoMo 服务体系,为所有用户提供数字化阅读捷径,让城市图书馆与读者零距离接触,应该成为我们图书馆人与社会各界共同努力的目标。

参考文献

1　王世伟．构建面向未来的国际大都市图书馆互联网[J]．图书情报工作,2014(1)

2　许建业．公共图书馆新媒体服务的初步实践与若干思考[J]．新世纪图书馆, 2013(3)

3　谢蓉,刘炜．SoLoMo与智慧图书馆[J]．大学图书馆学报,2012(3)

4　黄红．"云存储"在图书馆数字资源建设中的应用[J]．现代情报,2012(12)

5　白才进,王红．SOLOMO环境下图书馆发展变革[J]．图书馆学研究,2012(5)

6　周慧．公共图书馆移动服务发展的SoLoMo营销策略研究[J]．图书馆学研究, 2012(14)

7　刘鹏．云计算[M]．北京:电子工业出版社,2011

8　李东来．集群化管理:城市图书馆发展的必然选择[J]．图书馆杂志,2006(11)

9　伍玉伟．信息构建(IA)与信息组织的比较研究[J]．图书馆论坛,2006(4)

略论ＳｏＬｏＭｏ信息服务架构与基础技术对城市图书馆发展的影响

湖北数字图书馆建设架构与服务特色

贺定安　刘利军

Construction Infrastructure and Service Features of Hubei Digital Library

He Dingan　Liu Lijun

摘要：湖北数字图书馆是湖北省图书馆新馆建设工程的子项目，是全省公共文化服务体系的数字支撑平台，是首家采用云计算技术构建的数字图书馆。文章阐述了湖北数字图书馆建设总体规划、云计算硬件平台建设、面向用户的软件系统建设和湖北数字图书馆服务特色。

关键词：数字图书馆，服务特色，云计算

Abstract：Hubei Digital Library is a sub project of construction system of new Hubei Provincial Library, a digital platform of the provincial public culture service system, as well as the first digital library using cloud computing technology. The paper describes the general plan of the digital library, the hardware platform construction of cloud computing, the software construction for users and the service features of Hubei Digital Library.

Keywords：digital library, service features, cloud computing

湖北省图书馆新馆建设工程是湖北省"十二五"期间标志性重点公共文化工程，是湖北省直文化部门建设规模最大、投资最多的大型公共文化设施，是湖北省公共文化事业发展的一项标志性工程。在湖北省委、省政府的支持下，投资8.2亿元，建成气势恢宏的10万平方米省图书馆新馆。以新馆建设为契机，把湖北数字图书馆同步纳入新馆建设，财政投入专项经费1.13亿元，打造湖北数字图书馆。《湖北省文化发展"十二五"规划》明确把湖北数字图书馆建设纳入重点文化惠民工程，提出以湖北数字图书馆建设为龙头，依托国家数字图书馆和文化信息资源共享工程，在全省推广数字图书馆服务。2015年前，完成覆盖全省公共图书馆的数字图书馆虚拟网建设，把全省基层的数字图书馆应用纳入总体方案，统筹规划全省数字图书馆软硬件平台和数字资源建设与服务体系，提升全省数字图书馆建设水平，打造全省数字图书馆联盟，努力构建全国一流的湖北数字图书馆。

1　湖北数字图书馆建设总体规划

湖北数字图书馆是湖北省图书馆新馆建设工程的子项目，是全省公共文化服务体系的数字支撑平台，

贺定安，湖北省图书馆党委书记，副馆长，研究馆员。Email：hedingan@hotmail.com.
刘利军，湖北省图书馆计算机网络部主任，工程师。

是首家采用云计算技术构建的数字图书馆。

1.1　总体规划

湖北数字图书馆是以云计算平台为支撑，以软件系统为基础，以数字资源为依托，以标准规范为信息交换的纽带，以数字化服务为核心的数字图书馆集成服务系统。构建统一的湖北数字图书馆服务门户，数字资源加工能力每年达到500GB，在线存储能力不小于600TB，向读者提供揭示性书目信息（书目、篇名、目次等）300余万条，电子图书50余万种，电子报刊12 000种。在互联网、馆域网上向读者提供超过100TB的湖北地方特色数字资源和视频资源，日均访问量在10 000人次以上，馆区内具有4000个信息点的接入能力，主要阅览区、休息区具备无线接入能力，为读者提供679个电子阅览和信息检索终端，建成具有国内先进水平的省级数字图书馆，成为全省中文数字信息的查询中心和服务中心。

1.2　建设思路

采用当前最先进技术及成熟产品，建设世界知名、全国一流、中部领先的数字图书馆；采用业内统一标准规范，参考先进项目安全，分段建设、合理安排，高度关注系统的整合及对接；培养组建专业精干的运维团队，提供最好的信息化运维管理及服务；打造与数字图书馆匹配的信息化数据中心，满足数字图书馆核心业务对信息化数据中心的迫切需求；把数字化服务作为系统建设的核心，建设数字图书馆应用及门户系统；采用云计算、虚拟化等新技术，建设以云计算为架构的数字图书馆。

1.3　主要技术

采用云计算技术，构建基于云计算的湖北数字图书馆；采用多媒体、移动阅读、互动体验等各类新技术、新产品，为读者提供更好的阅读体验；以面向服务的体系结构（SOA），建成数字图书馆集成服务门户；采用万兆以太网技术组网，主干网络万兆，千兆到桌面；综合布线系统垂直子系统采用万兆光纤，水平子系统采千兆光纤和六类非屏蔽双绞线。

1.4　应用系统设计

通过咨询国际知名的IT公司，数字图书馆系统确定使用IBM应用服务集群、工作流中间件技术、EBS企业服务总线技术、IBM Portal（门户）、Tivoli（统一身份认证、单点登录）等核心门户技术，构建面向服务的体系结构（SOA），确保各应用系统能实现无缝对接、有机整合，为读者提供人性化、智能化、个性化的服务。

2　云计算硬件平台建设

云计算因其高性能、低成本、通用性强的特点，得了各界的热捧。湖北数字图书馆建设顺应当前信息技术的发展趋势，把云计算技术和理念融入到建设中，构建基于云计算的数字图书馆总体架构和服务模式。湖北数字图书馆按照云计算的基础设施即服务（IaaS）、平台即服务（PaaS）、软件即服务（SaaS）的分层架构来构建，其中基础设施层包括网络、存储、服务器等硬件基础设施；平台层包括操作系统、数据库、服务器程序、应用框架、开发和部署工具等；软件层包含数字图书馆的各个应用系统；三个层面都可提供各自的服务，最终把数字图书馆的各种服务以"云"的形式展现出来。

围绕湖北数字图书馆云计算平台建设，一方面建设了总面积约为527平方米，符合计算机机房国标 A 级标准的标准化机房。另一方面在网络系统架构设计、主机系统架构设计、存储系统架构设计和应用系统架构设计中都融入了云计算的核心理念，努力建成"云数据中心"。

2.1　网络系统建设

网络系统建设坚持区域化、层次化、模块化、虚拟化的设计理念，使网络层次更加清楚、功能更加明确、管理更加简便，要求所有的核心层交换机及汇集层都必须具备虚拟化的功能，使云计算网络具有良好的弹性及可伸缩的能力。

为建设一个高速安全、方便快捷、绿色可持续的网络环境，湖北数字图书馆以万兆路由交换机为核心交换机，千兆路由交换机为汇聚层交换机，千兆交换机为接入层交换机的双冗余网络组成的局域网，实现了大二层结构网络，保障数据中心的大数据量传输，从物理上实现局域网与数据中心网络的分离。

中心机房通过运营商接入互联网，网络边界部署了流量控制、负载均衡、防火墙、入侵防御（IPS）等设备，在核心交换机与数据中心核心交换机之间部署了 IPS 设备，初步实现了安全域的划分，为计算机信息系统安全保护等级（三级）要求打下基础。建设安全集中管理系统（SOC）对网络内所有安全设备进行集中监控管理，及时发现网络安全漏洞，处理突发安全事故，保障云计算网络的安全。

网络系统有如下特点:双核心交换机、双链路全冗余网络,有效避免单点故障;采用大二层网络的扁平化架构,应对大数据时代的到来;网络虚拟化、跨物理设备的链路聚合;支持 DCB 无损以太网技术、支持虚拟以太网端口聚合、支持多链接透明互联等技术支撑云计算。

2.2　主机系统建设

云计算是一种全新的计算模式,其核心驱动力是:企业或个人不再需要在电脑中安装大量应用软件,而是通过 Web 浏览器接入到一种大范围的、按需定制的服务中,即云服务。湖北数字图书馆采用云计算模式搭建数据中心主机系统(即动态数据中心)。目标是以动态化、虚拟化的方式使数据中心的资源管理具有敏捷、动态、弹性等特征。

2.2.1　云计算总体架构

随着多核处理器、虚拟化、分布式存储、宽带互联网和自动化管理等技术的发展,产生了一种新型的计算模式——云计算,它能够按需部署计算资源,而用户只需要为所使用的资源付费。云计算是由虚拟化技术、集中计算、软件即服务、网络计算发展而来的。云计算的“云”就是存在于互联网上的服务器集群上的资源,云计算是信息技术融合的趋势,网络化趋势的具体体现。是新一代节能环保、高效利用 IT 资源、面向服务的 IT 服务方式,是 IT 资源管理能力飞跃提升的一个标志。

湖北数字图书馆利用 Vmware 服务器虚拟化软件及虚拟化数据中心管理平台、虚拟化数据中心管理平台高可用性组件、桌面虚拟化等套件,对 4台 8 路 PC 服务器、30 台 4 路 PC 服务器、10 台 2 路 PC 服务器等进行虚拟化,实现了数据中心 X86 架构计算资源的弹性计算,利用 Power VM 虚拟化软件,对 IMB Power 服务器进行虚拟化,实现了数据中心 Power RISC 架构计算资源的弹性计算,为云计算准备了可随时调用的计算资源。

在虚拟化的基础上,数据中心运营管理套件、云计算资源管理平台、云计算资源计费管理平台、云计算安全平台等管理软件,构建了数字图书馆云计算平台,同时推出了云桌面解决方案。

2.2.2　云计算平台的功能

虚拟化。云计算支持用户在任意位置、使用各种终端获取应用服务。所请求的资源来自“云”,而不是固定的有形的实体。应用在“云”中某处运行,但实际上用户无需了解,也不用担心应用运行的具体位置。只需要一台笔记本或者一部手机,就可以通过网络服务来实现我们需要的一切,甚至包括定制的运算内容。

高可靠性。"云"使用了数据多副本容错、计算节点同构可互换等措施来保障服务的高可靠性,使用云计算比使用本地计算机可靠。

通用性。云计算不针对特定的应用,在"云"的支撑下可以构造出千变万化的应用,同一个"云"可以同时支撑不同的应用运行。

高可扩展性。"云"的规模可以动态伸缩,满足应用和用户规模增长的需要。

按需服务。"云"是一个庞大的资源池,要按需购买;云可以像自来水,电,煤气那样计费。

高安全性。从端点安全、网络边界安全、敏感数据安全等方面考虑。

资源可计量。考虑到资源建设的可持续性,要求计算资源能计量,能建立相应收费机制。

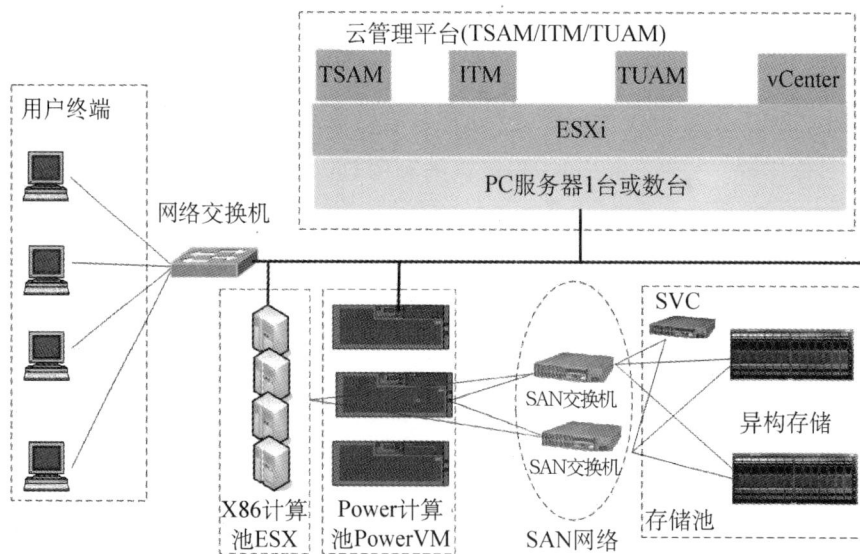

主机系统拓扑图

2.3　存储系统架构

湖北数字图书馆存储系统作为整个数字图书馆的数据支撑点,为数字图书馆的海量数字资源提供调度、备份、服务、存储、长期保持功能,它为数字资源提供充分的可靠性和访问的快捷性。整个系统采用两套存储容量达到350TB的EMC高端统一存储系统,利用IBM SVC存储虚拟化系统,对

EMC 存储系统进行虚拟化,为云计算准备了可随时调用的存储资源池。采用先进的一体化、模块化设计架构的存储统一管理软件,实现了统一存储、统一管理的建设理念。为实现数据的备份和恢复、数据连续复制、历史数据归档迁移等功能,采用了数据保护系统、在线归档系统、光纤交换机、磁带库等设备,对数据进行全生命周期的保护。湖北数字图书馆一体化存储具有数据分析、数据保护、数据归档、监控、审计、安全管理、信息搜索、异地灾备等功能。

3　面向用户的软件系统建设

数字图书馆建立在先进、稳定、开放的基础平台之上,开发了众多的应用服务系统,通过友好界面,为读者提供个性化的服务。

3.1　基础软件

湖北省数字图书馆采用了 IBM Websphere Application Server、IBM WebSphere Portal Express 、IBM Rational Applicatoin Developer、IBM Tivoli Identity and Access Manager、IBM Websphere Message Broker、IBM Web2.0、Oracle Database Enterprise Edition 11g 以及数据库应用集群、数据库分区、数据库诊断、数据库调优及数据库生命周期管理等模块,工作流平台、SUSE Enterprise Linux Server 、Windows server 2008 Enterprise 等基础软件平台。

3.2　应用软件

数字图书馆建设过程中,应用软件开发了信息服务门户、统一认证及身份管理系统、统一检索系统、视音频管理发布系统、虚拟现实系统、图书馆办公自动化软件、邮件系统、邮件网关、档案管理系统、资产管理系统、移动数字图书馆、电子阅览室管理系统、多媒体电子教室系统、防病毒软件、媒资与出版系统、专题库系统、元数据仓储系统、网络信息归档平台、知识管理系统、远程授权访问系统、非书资料管理系统、资源整合系统、馆际互借系统、虚拟参考咨询系统、图书馆业务集群自动化系统等应用服务系统。

3.2.1　信息服务门户

湖北数字图书馆为各级政府机关、企事业单位、广大公众读者、图书馆行业用户和图书馆内部馆员提供了统一的信息服务门户。门户平台实现了创建和管理多个虚拟门户,每个虚拟门户站点有自己的 URL、外观、页

023

面、用户和用户组以及搜索索引等。每个虚拟门户网站都由各自的管理员进行管理。

信息服务门户为读者提供以下基本服务:使用唯一账号登录并享受权限范围内的一站式服务,具有自己个性化的应用门户;利用统一检索系统在全馆资源库内实现跨库检索、二次检索和定制检索;在线或离线翻阅电子书、数字报、电子期刊及各种数字文档的全文;使用各种专业数据库获得全面的知识服务;在线欣赏各种高清图片资源;在线观看各种视频资源;通过 OPAC 互联系统查看相应纸质资源的馆藏情况;利用移动阅读终端实现脱机或馆外阅读;建立自己的阅读空间,记录阅读与学习历程;利用交互平台进行互动,分享阅读心得。

3.2.2　统一认证及身份管理系统

提供基于反向代理技术的认证实现。对于同一个用户在不同系统中会使用不同 ID 的情况,也可以实现单一登录的功能,系统应支持同一用户在不同系统中使用不同账号的情况。提供开放的管理、认证和授权的 API,支持 Java、C/C++语言。提供管理软件的各模块之间数据和控制信息的加密传输,不能存储明文用户口令。提供集中安全策略管理,包括安全策略的定制、修改和删除。提供多种身份认证方式。提供集中的授权管理,通过按照用户、分组、角色执行对资源的访问策略控制,划分出对应用和操作系统资源的不同访问权限,而无需考虑用户本身的特权。

3.2.3　专题库系统

专题库平台系统主要包括资源采集、资源组织与存储以及应用服务等模块。系统支持包括图书、期刊、会议报告、古籍、拓片等各种类型资源的标准化和元数据标引、发布检索、互操作等功能,系统需能适用于多种类型数字资源的不同加工深度的个性化需求,支持主流的特色库建设标准规范。

3.2.4　元数据仓储系统

为了积累和管理湖北省图书馆数字资源的元数据信息,需要构建元数据仓储管理平台,对电子资源进行元数据收割,系统可以根据图书馆的需要,针对部分目标资源库(外购资源、本地专题资源、免费资源)进行元数据的沉淀,形成适合图书馆的、个性化的元数据仓储。元数据仓储管理平台可以通过整合检索、专题库等方式对外提供资源服务。

3.2.5　网络信息归档平台

网络信息保存平台支持湖北省及各地市图书馆组成纵向归档联盟,通过分工协作、分布式存储完成湖北省地区的网络站点网络信息资源的保存归档,提供历史版本保存和原版原貌再现,并提供专业级别利用、分析。

3.2.6　知识管理系统

围绕"协作、公开、共享"而展开的以个人为中心的 Web2.0 以及图书馆开放获取运动的兴起,使得图书馆的服务模式也由传统的 Library 1.0 向 Library 2.0 的模式转化,图书馆的每一个用户将不仅仅是内容的获取者,他们将以"知识的奉献者"及"知识的获取者"的双重面貌出现,这一方面为图书馆的知识工作者减轻了知识加工的负担,但是另一方面又给予图书馆更大的挑战,即如何营造面向机构及个人研究的研究学习环境,更好地为创新性社会服务。

3.2.7　图书馆集群自动化管理系统

图书馆自动化管理系统运行在任何业界主流应用系统平台之上,采用客户机/服务器(C/S)模式 + 浏览器/服务器(B/S)模式多层架构体系,保证系统的可扩充性和分布式部署的安全可靠性,同时便于整合市、县、区、街道、村图书馆的文献资源,实现资源共享,联合服务。系统具有实现图书采购、编目、典藏、流通、期刊、公共查询、一卡通服务、系统维护等图书馆运行的必备模块。支持馆际互借、通借通还。同时,还具备电话语音服务、手机短信服务、手机掌上图书馆等对传统图书馆的扩展功能。

4　湖北数字图书馆服务特色

4.1　万兆网络、Wi-Fi 全覆盖

全冗余万兆网络采用双千兆接入,主干网络全采用万兆光纤,千兆网络到桌面。实行严格的网络准入制度,在全国省级公共图书馆中排名第一。读者在上网过程中,充分地感受到飙车般的快感。

双重覆盖的 Wi-Fi 网络,一方面采用 H3C 的无线控制器和胖瘦自适应型无线 AP 实现全馆无线网络用户的无障碍漫游,实现高速无线网络的全覆盖;另一方面引入中国移动公司第四代移动网络,利用 4G LTE 无线技术实现了网络的无线全覆盖。稳定的无线网络,极大地方便了读者利用各种移动终端畅游图书馆。

4.2　智能图书管理

智能图书馆采用高频 RFID 技术,配置自助借还机、自助办证机、24 小时自助图书馆、24 小时街区自助图书馆、馆员工作站、智能自动分拣机等设备,实现了 200 多万册文献的 RFID 自助借阅,与区域图书馆集群自动化管理系统集成实现了图书馆传统业务的智能管理。RFID 便携式点检设备、小型室内图书分拣系统、安全门系统,实现了快速馆藏资料点检、安全防盗以及快速准确的数据库检查和更新功能等,极大简化图书的借阅和归还流程,使图书的借阅和归还速率得以加强,增加流通次数,提高了图书的利用效率。

4.3　海量数字资源

自新馆建设以来,投入约 1400 余万元资源建设经费购买各类数据库。截至 2013 年 6 月,共购买各类数据库 47 个,其中古籍类数据库 9 个,中文数据库 19 个,外文数据库 7 个,少儿数据库 2 个,影音类数据库 10 个。自有资源库总量约 40TB,可提供服务资源总量约 270TB。其中电子图书 30 多万种(含古籍全文影像),180 多万册;电子期刊约 8 万种;报纸约 1600 多种;音视频资源 10 多万小时。

4.4　个性化知识服务

个性化知识服务为读者提供书籍光盘管理与下载、外购电子资源授权访问、资源统一检索、文献传递与馆际互借、网络信息资源采集保存、读者网上咨询、读者在线学习等服务,基于 Web 2.0 思想设计、采用 JAVAEE 企业级开发技术开发,并与门户系统、单点登录系统集成,提供"一站式"数字图书馆综合服务。

4.5　新媒体服务

新媒体服务利用网络技术、移动技术、数字技术,通过互联网、有线网、无线通讯网络、卫星等渠道,以及手机、数字电视等终端,向用户提供知识信息及娱乐服务的媒体形态;目前通过微博、微信、App 客户端等移动终端设备,读者可以随时随地查询本馆资源和信息;电子触摸屏系统展示的内容包括馆藏资源、电子报刊、在线展览、服务介绍、中国政府公开信息整合服务平台等内容,为读者提供一种新型的互动阅读体验,使读者的阅读方式更便捷、人性化。

建立湖北移动数字图书馆,开展数字资源移动服务,包括:信息门户、统一认证及身份管理、统一检索、Web2.0服务。读者通过二维码扫描,可以下载图书馆提供的各种文献资源,包括电子图书、期刊、音视频、图片等。用户还可以订制短信讲座公告通知,图书馆可将各种讲座、公告信息主动的利用短信(彩信)推送到用户手机上。

4.6　多平台互动数字图书馆体验区

数字图书馆体验区以互动服务为主,整合科技与艺术的原创设计概念,为数字化服务提供创新应用示范。通过特殊的数字体验吸引读者走进图书馆,使用崭新的科技服务来满足读者的不同需求。

参考文献

1　肖海洋,杨凯,杨伟伟. 盐城发射台信号调度检测报警系统[J]. 电视技术,2013,37(6)

2　杨晓东,陆松,牟胜梅. 并行计算体系结构技术与分析[M]. 北京:科学出版社,2009

智慧图书馆离我们还有多远？

刘　炜

How Far to Reach Intelligence Library?

Liu Wei

摘要：智慧图书馆是数字图书馆发展的高级阶段，代表了目前图书馆发展的最新趋势。本文介绍了智慧图书馆的定义和国内外研究、实践现状，着重探讨了智慧图书馆的技术基础和可能的建设路径，并展望了智慧图书馆的服务场景。

关键词：智慧图书馆，智慧服务，物联网，SoLoMo

Abstract：Intelligence library is the advanced stage of digital library, presenting the latest trend of library development. The paper introduces the definition of intelligence library, present situation of academic research and practices at home and abroad. It puts emphasis on the technology base and the possible construction paths of intelligence library and expects a positive future.

Keywords：intelligence library, intelligence service, internet of things, SoLoMo

图书馆经常被比喻为人类的大脑。作为人类文字文明的收藏地和庇护所，这个比喻是非常恰当的。然而迄今为止，这个"大脑"只是起到了一个记忆体的功能，并不具有任何意义上的"智慧"。直到今天，依托网络而存在的数字图书馆，能够通过各类信息技术的应用，将整个网络当成其感知世界和用户需求的神经系统，使图书馆第一次有可能具有一定的"智慧"，能够自动地、交互地、个性化地并具有一定逻辑判断能力地提供"智慧型"服务。我们把这样的图书馆称为"智慧图书馆"，"智慧"是未来图书馆的当然属性，代表着图书馆的未来。

1　狭义和广义的"智慧图书馆"

"智慧图书馆"一词有两个来源，一是来自于物联网关键技术——RFID智能标签技术的全面应用。应用了RFID技术的图书馆能够实现传统纸质资源管理的自动化和自助化，使"无人图书馆"的概念得到了实现。二是来自于"智慧地球"和"智慧城市"的概念，即各类感知技术、物联网技术和大数据挖掘和分析技术的应用，使图书馆能够更加智能地实现其功能，主要是"智慧地"向读者传递其所收藏、保管和整理的"智慧"的功能。前者采用的技术较为单一，所使用的都是成熟技术，且只是作为以纸质资源

刘炜，上海图书馆副馆长，研究馆员。Email：wliu@ libnet. sh. cn

为对象的传统图书馆服务的一种改进,在深圳[1]、台北[2]等地区已经较大规模地得到了应用,这种形式通常被认为是狭义的智慧图书馆,或者被称为"智能图书馆"[3];而后者目前正处于发展和成型时期,涉及众多复杂的前沿技术,尚未形成固定的应用模式,但可能会造成颠覆性的影响。这两类研究中的图书馆可以被认为是广义的智慧图书馆。

有学者提出严格区分智能图书馆(Intelligent Library)与智慧图书馆(Smart Library)[4],认为上述第一类基于 RFID 的图书馆应用只能算智能图书馆。这样的看法有一定的道理,早期的文章大多这样称呼,但现在大都归入后者,智慧图书馆的研究逐渐成为主流。

一般而言,"智能"是某些系统具有自主的感知、传达和判断、调节能力,以实现某些功能,例如"智能建筑"等;"智慧"则不仅体现在具有一定的自我意识和自主能力,同时还需要能够与周遭环境进行交互并实现智能化的互动,通过自身功能的实现(通常体现为一种服务)而主动地影响环境。智慧图书馆最终要实现让任何用户(Who)在任何时候(When)和任何地方(Where),通过任何设备(How)获得图书馆拥有的任何信息资源(What),而背后的"智慧",体现在解决为什么(Why)的问题,即系统对上述 4W1H 问题进行判断。当然智能图书馆和智慧图书馆的区别并不是截然明晰的,智慧型系统通常是建立在智能型系统基础之上的。目前大家对这两者都不进行截然的区分。

信息化和网络化是城市化的动因之一,它的发展正在消除城乡差别,将使城乡一体的公共图书馆服务体系成为一种必须。当城市由于信息技术的广泛采用而迈向智慧城市的时候,图书馆也正在以高度的自觉和更快的速度蜕变为智慧图书馆。当然,智慧图书馆的概念远小于智慧城市。智慧城市的其他部分更多地表现在使城市运作得更加高效,实现城市运行的各类功能性目的。它向每一个市民提供的信息环境是一致的和高度整合的,"智慧性"就体现在提供一个不知不觉的环境,任何功能和服务都会在人们需要的时候出现;而智慧图书馆只是承载了城市记忆的功能,对于城市的长远发展而言,它通过积累知识而增进智慧。从这个意义上来说,它虽然只是智慧城市的一个组成部分,然而却是其极其重要的组成部分。它是融合在城市的智慧环境中,通过与个人知识环境的有机融合而提供情境敏感和用户友好的贴心服务。

029

2　国内外智慧图书馆研究及应用现状

国外自 20 世纪 90 年代开始,伴随数字图书馆的研究,以 Smart Library 或 Intelligent Library 为题的论文散见于各类期刊及会议录,大多为人工智能、RFID 或基于地理位置的服务(LBS:Local-Based Service)等技术在图书馆的应用,但一直未形成较为集中的研究领域。

国内对智慧图书馆的研究,无论是狭义的,还是广义的,明显较为活跃,但基本还处在对所涉及概念进行明确和辨析的阶段,还没有梳理出一致的核心问题,该领域的边界也不是很清晰。与广义的研究相比,以 RFID 技术应用为主题的狭义的智慧图书馆(或智能图书馆)研究,略显集中和成熟,特别是智慧图书馆的一些分支领域,如 SoLoMo[5]、语义技术和关联数据应用等,研究成果较多,涉及得较为深入。广义智慧图书馆的研究只有王世伟先生的系列文章[6-8]进行了较为系统的阐述,他借鉴了智慧城市的研究成果,从宏观上和理论上梳理出一整套有关智慧图书馆的设想。

在实践领域,目前很多图书馆都提供了社会性网络的应用支持,如大多数国外的图书馆都支持脸书、推特、Google Plus 的交互,很多国内图书馆都支持微博和微信,国家图书馆的门户入口也列出了新浪微博、腾讯微博和微信公众号,还有多个二维码提供 O2O(Online to Offline,即线上至线下)的便捷访问。

从实践上看,目前的手机图书馆(或移动图书馆)逐渐增加了一些自动的服务内容,如到期催还、就近借阅、个性化推荐等,OCLC 的 WorldCat 也能根据读者的 IP 地址推荐最近的资源馆藏。这些都可以看成是智慧图书馆的雏形。

学界有一些专家对智慧图书馆提出过一些自己的见解和主张,产生了一定的影响,如上海交通大学图书馆的陈进馆长提出的 IC^2 作为智慧图书馆服务模式,即信息共享空间(Information Commons)与创新社区(Innovation Community)的结合,并提出智慧图书馆的五大要素:资源(优质、多元、高效)、服务(慧能、泛在、感知)、技术(精准、便捷、智能)、馆员(敬业、专业、创新)、读者(乐用、协同、敏锐)。北京大学图书馆的朱强馆长也提出了将北大图书馆打造成智慧图书馆的设想,主要通过"整合移动技术、物联网技术、体感技术、虚拟现实技术、语义检索技术、数字挖掘和人文数字等技术在图书馆的应用"来实现。上海社科院信息所的王世伟所长则提出了智慧图书馆的三个特征[9]：互联、高效和便利的图书馆,认为智慧图书馆是广泛互联的图书馆(馆馆相联、网网相联、库库相联、人物相联)以及融合共享的图书馆(三网融合、跨界融合、新旧融合、多样融合)。

3　智慧图书馆的技术基础

智慧系统通常包含三个基本要素:感知、传输和判断。RFID 标签是物联网的核心技术,它的巨大意义在于,它不仅是一个可以通过无线方式进行个体识别的标签,同时具有简单的计算和存储能力,这两者的结合解决了从"感知"到"传输"的功能性(例如加密)和便捷性问题。它不依赖于任何机械或光学设备而"隔空"获取并传输个体对象的标识信息,标识信息与通过各种方式获取的状态或环境信息进行对应,就能够实现复杂的感知功能。这就是智能标签所谓"智能"的来源,它能够像人类的神经系统一样,结合其他相关技术,创造出许多神奇的应用。传统的条码和二维码虽然也具有个体识别功能,但它们就不具备上述智能特性。

要做到"感知"通常还需要各类传感器,目前可以由一定的元器件探知的"感觉"主要有:地理位置、方向、重力、倾斜情况、存在状态、距离、湿度、温度、运动速度和加速度、震动、声光电磁及其强度、负载/扭力/压力/应力情况,以及是否有泄漏、液体流速、特定化学物质监测等,只有将这些状态信息与标签识别的具体对象对应起来,才能获得有意义的数据,完成感知功能,提供"智慧"的基本信息。

RFID 是信息传输的第一步,即拾取信息。除了 RFID 之外,能够用来拾取信息的方式还有 RFID 的后代技术 NFC(即近场通讯 Near Field Communication),可以具有双向感知能力,比 RFID 更具有智能,应用前景更为广泛。

获得信息之后可以通过任何网络技术进行传输,这也是"物物相联"的一种实现。物联网之所以称为 Internet of Things,是因为它的技术基础与目前的互联网(因特网)完全一样,都是通过以 TCP/IP 为基础的协议进行互联,当然其接入方式可以多种多样,例如 3G、4G、Wi-Fi、电力网等。

判断一个系统是否有"智慧",仅凭其是否有感知和传输是不够的,还取决于能否从位置感知向移动计算过渡,能否对所感知的海量信息进行大规模的智能化处理。特别是利用了云计算和大数据技术的智能分析,以及基于社会性网络的模式分析、排序、聚类、推荐等算法之后,提供自动化、个性化和协同互动"智慧"服务的能力。

最终,智慧型服务需要与人进行交互才能够实现,因此离不开与人交互的环境、工具和设备,当前非常热门的谷歌眼镜等可穿戴设备就是这一领域的最新发展,它们既是信息获取和收集工具,充当"千里眼""顺风耳",又可以是实施行为的辅助"器官",为普通人提供了"超人"一般的能力。

对于图书馆而言,未来的数字图书馆要进行随时、随地、情境敏感的服务,必须要能够感知用户的位置、特性、偏好等信息,同时要能够根据用户的聚类信息,与相应的图书馆资源和服务进行匹配,让系统自动地做出推荐或给出最优的服务路径。未来的服务应该是基于 SoLoMo 的,SoLoMo 是 Social-Local-Mobile 的缩写,意指社会化(Social)、基于位置(Local)和移动化(Mobile)服务。SoLoMo 是智慧图书馆的基本表征,是结合了最新信息技术的综合性网络应用,涉及移动通信、无线网络、社会性网络、数据挖掘、智能感知等各类物联网相关技术,具体包括数字地图、移动定位、近场通讯(NFC)、二维码(QR)、群体智慧、云计算、IPv6、语义网等新技术。当然不是每一个智慧图书馆都必须应用所有这些技术,但只要应用其中的一部分,实现一定的智慧服务都可以堪当"智慧图书馆"的称号。

未来图书馆所有的信息服务,首先必须支持移动设备。因为未来用户的信息环境是一个跨越时空的综合体,所有的设备只是接入这个环境的入口和工具而已;其次对于移动服务来说,位置信息的获取非常重要甚至不可或缺,目前的手机、平板电脑乃至各类穿戴设备都支持位置的感知,然而如何结合图书馆的服务,是需要有一定创造力的;再次是通过对于社会性网络应用的支持,加强交互、优化体验,提供精准服务。

数字图书馆的智慧服务除了需要引入上述物联网的相关技术之外,其独特的内容管理和知识组织的相关技术也具有巨大发展潜力,例如资源整合技术、关联数据技术和聪明内容(Smart Content)技术等,对未来图书馆的智慧性服务将有可能产生颠覆性的影响。目前的图书馆正在从传递载体向传播内容(不管是什么形态和格式)转型,内容的细粒度化、跨媒体化和语义化趋势,正在深刻地影响着图书馆对于内容的描述、揭示与组织,这些技术有望成为未来图书馆在提供智慧服务时的杀手锏。

智慧服务是智慧图书馆的本质特征,自动感知、情境相关和基于语义是智慧图书馆服务的三个重要特点,而 SoLoMo 扩展了智能服务的范围和空间。采用 RFID 技术只是它的初级形态,RFID 的应用能够实现初步的自助办证、自助借还、智能盘点、馆藏架位智能管理、智能安全门禁等功能,这些应用目前已经成熟,下一步则更加重要,即要创造性地综合应用各类 SoLoMo 技术,实现书与书、书与人、人与人全面的关联,以便实现全面的智慧服务。

4　建设智慧图书馆的可能路径

智慧图书馆的建设不是一蹴而就的,也没有固定模式,也无须追求高大上。从技术上看,需要经历移动化、社会化和智慧化三个大致的步骤。简述如下:

移动化:建设移动图书馆是实现智慧图书馆的第一步。再智慧的服务,不能实现移动化,也是残缺的。图书馆作为一种知识中介,与其他提供信息服务的机构,特别是商业机构处在同一个产业生态中,它若不能满足基本的移动服务要求,则达不到基本的便捷性门槛。倘若有其他替代性方式能够比图书馆所提供的服务更加方便、快捷,它势必会被其他社会性的信息服务所取代。但图书馆在提供移动服务的用户体验和服务深度方面也不可能做到商业服务所能达到的程度,它作为社会公益事业是无法承担高度个性化服务的大量成本的。

社会化:即到用户所在的地方去,把自己的服务延伸到各类社会性网络中,先找到你的用户,熟悉他们的环境,再定位你的用户,了解他们的需求,才能想方设法优化自己的服务,满足他们的需求并提供良好的体验。社会化还有另一个含义,即通过与读者的互动而将系统的优化工作"众包"(Crowd Sourcing)给读者,例如聚类、排序等,吸收群众智慧,甚至给读者建设虚拟的交互式学习空间或平台,至少要通过一定的技术手段(浏览器插件、书签工具、混搭、小应用软件开发等)嵌入到用户的知识环境中去。

智慧化:即知识碎片化、跨媒体化、语义化等,而内容的语义化、组织的智慧化是基础。语义技术通过形式化的本体技术等提供了有序的知识空间,结合语境和情境,提供贴心的服务。地理位置只是基于感知提供服务

033

的一种类型,前述有关物联网的感知类型非常多,例如温度、湿度、倾斜度等,其中大多数都并不适合直接被图书馆所采用,但也会有很多感知类型经过组合之后,产生许多创造性的应用。例如利用谷歌眼镜结合循证医学信息系统,可以实时地提供手术台上的医生进行图片和语音的识别,进行资料查找、数据的匹配等辅助性工作,其后台就是数字图书馆的支持。这就是典型的通过可穿戴设备获得的信息,融入到用户的知识创造或其他行为过程中去。

智慧图书馆中所有的信息都以某种方式与时间和空间发生联系,不论是已经作为图书馆馆藏,还是符合馆藏发展政策但尚未获取和加工的信息,也不论这些信息以什么方式(格式和状态)存在。智慧图书馆不仅使自己的馆藏知识化,将馆藏从文献形态转化为知识形态,标注、挖掘出地点、事件、时间、人和物而加以有机的组织,并通过智能化的感知系统,主动地参与到读者日常的知识交流过程中去,以一种平台、空间或工具的形式而泛在,通过提供各种搜索、发现、存储、传播、组织以及再创造的服务,使自己与人类社会的知识创造体系融为一体。这是现代信息技术使知识独立于载体和传播方式,内容消解于无形的网络空间之后,图书馆必然的存在方式。

5　智慧图书馆服务场景

场景一:你正坐于公交车上,你的手机收到一条朋友推荐的微信,内容是年度文津图书奖刚刚发榜。由于你的手机中安装有上海图书馆的应用软件,对于有 ISBN 号的图书都自动加载了超链接,因此榜单中的一些书名都是可点击的。你对其中周濂所著、中国人民大学出版社出版的《你永远都无法叫醒一个装睡的人》十分感兴趣,于是你点击链接进入了上图的OPAC,其中的内容简介和书评来自于豆瓣,你发现此书还没有电子版,此时系统根据你的停留时间感知到你有兴趣借阅这本书,于是弹出一条消息,告知你正路过的闵行区图书馆尚有一本可以外借。于是你下了车……

场景二:你的硕士毕业论文正进入困难期,你通过图书馆的资源发现系统找到一些法语和德语的补充资料,但是即便借助谷歌翻译,你的语言能力还不足以准确理解这些资料,这时你发现图书馆刚升级的"我的图书馆"支持社会化阅读功能,在这个环境中打开资料,居然可以看到很多点

评、批注、感想等,甚至链接到某些学者的博客。这些新的线索使你一下子
豁然开朗,与多位该领域的同道建立了联系……

场景三:你是上海图书馆的"阅读达人",每年通过签到、借阅、书评、参
加微博微信互动以及做志愿者等形式获得 5000 点以上的积分。这一天你
刚听了一场"上图讲座"回来,手机突然弹出一条消息,授予你一个新的徽
章,告知你已达到"进士"级别,有一些特权等待你选择,包括管理一个读者
俱乐部小组(附带一些特权,如集体外借专藏、借期翻倍等)、可以每年荐购
50 本图书、可以优先使用上图共享空间等,你觉得都没什么意思,选择了将
自己的头像挂在上海图书馆主页"新科进士榜"一周的奖励……

上述情境,就是典型的智慧图书馆带来的智慧服务。

6　结语

早在 2001 年,美国总统信息技术咨询委员会在向布什总统提交的启
动数字图书馆全球研发的肇始文献——《数字图书馆:对人类知识的普遍
访问》中,就明确提出了数字图书馆的发展愿景:"所有人在任何时间、任何
地点都可以用任何连接互联网的数字设备来访问所有人类知识。"智慧图
书馆可以看成是数字图书馆发展的新阶段,也是高级阶段。无论是狭义
的、以 RFID 技术应用为核心的智慧图书馆,还是未来具有全方位智能的智
慧图书馆,都是图书馆转型求生、图谋进一步发展的结果。

智慧图书馆固然要体现在利用新技术对资源进行语义化组织,以及业
务流程再造等方面,但更重要的是需要体现在智慧型服务方面,一切皆服
务。传统的、以资源为核心的"地心说"应转变为以用户为核心的"日心
说",要真正做到以读者为中心,必须首先感知读者需求,融入读者的信息
环境。

"智慧"是未来图书馆的一种当然属性,智慧型服务是图书馆服务的最
高标准。然而智慧图书馆并不是未来时,而是进行时。智慧图书馆不仅是
各类技术的应用,而且是一种理念的实践。如果我们能够树立这样的理
念,智慧图书馆就不会遥远,将一直在你我身边。

035

参考文献

1　易运文,陈莉薇.图书馆领域的一场革命:深圳建设街区 24 小时自助图书馆纪事.

[EB/OL].[2013 - 04 - 20]. http://www. szlib. gov. cn/newsshow. jsp? itemid = 2379

2　臺北市立圖書館的成長、創新與展望.臺北市立圖書館館訊,2012,30(1).
http://webarchive. ncl. edu. tw/archive/disk19/26/55/92/95/39/201001083456/
20120602/web/tpml. edu. tw/public/Attachment/033010533020. pdf

3,4　祝森生.大数据时代关于智慧图书馆的几个研究问题探讨[J].图书与情报,
2013(5)

5　谢蓉,刘炜.SoLoMo 与智慧图书馆[J].大学图书馆学报,2012(3)

6　王世伟.未来图书馆的新模式——智慧图书馆[J].图书馆建设,2011(12)

7,9　王世伟.论智慧图书馆的三大特点[J].中国图书馆学报,2012(11)

8　王世伟.再论智慧图书馆[J].图书馆杂志,2012(11)

智慧图书馆离我们还有多远？

城市图书馆研究　2014 年第三卷第一辑　　　*Journal of Metropolitan Library*　Vol.3 No.1　2014

4C 营销理论下的图书馆微博服务

——以重庆图书馆为例

任　竞　王祝康

The Library Micro-blog Service under 4C Marketing Theory:
Take Chongqing Library as an Example

Ren Jing　Wang Zhukang

摘要：近年来,微博已经成为公共图书馆开展阅读推广、宣传读者活动、加强读者沟通的重要平台,微博营销亦日益成为公共图书馆品牌营销一道亮丽的风景线。4C营销理论作为营销学核心理论之一,对图书馆微博营销提供了理论框架的指导。本文探讨 4C 营销理论下的重庆图书馆微博服务,以期通过理论与案例的结合、数据与分析的描述,为业界微博营销提供借鉴。

关键词:4C 营销理论,图书馆,微博营销,读者服务

Abstract：In recent years, micro-blog has become an important platform for reading promotion, propaganda activities, and strengthening readers' communication, becoming beautiful scenery of brand marketing field of public libraries. 4C marketing theory provides a guidance of theory framework of library micro-blog marketing,as the main theory of marketing science. The paper discusses the micro-blog service of Chongqing Library under the 4C marketing theory, providing lessons for other libraries through the case analysis .

Keywords:4C marketing theory, library, micro-marketing, readers' service

微博作为新兴传播形式,迅速改变着我们所处时代的信息服务方式。近年来,微博已经成为公共图书馆开展阅读推广、宣传读者活动、加强读者沟通的重要平台,微博营销亦日益成为公共图书馆品牌营销一道亮丽的风景线。4C 营销理论作为营销学核心理论之一,对图书馆微博营销提供了理论框架的指导。重庆图书馆于 2010 年 3 月 7 日在新浪开通认证微博,微博正改变着图书馆固有营销的模式和形态。本文探讨在 4C 营销理论下的重庆图书馆微博服务,以期通过理论与案例的结合、数据与分析的描述,为业界微博营销提供借鉴。

1　4C 营销理论及其微博营销

4C 营销理论,即美国学者罗伯特·劳朋特(Robert F. Lauterborn)提出的以消费者需求为导向的市场营销理论。4C 分别指 Customer(顾客)、Cost(成本)、Convenience(便利)和 Communication(沟通)[1]。强调必须了解和研究顾客,根据顾客的需求提供产品;顾客成本应当是建立在顾客获得满足

任竞,重庆图书馆馆长、书记,研究馆员。Email:65210117@163.com

王祝康,重庆图书馆,研究馆员。

时愿意支付的成本基础之上;应该为顾客提供最大的购物和使用便利;务必积极与顾客进行有效的双向沟通,建立基于共同利益的新型企业/顾客关系。

微博作为一个高度社会化的传播平台,集中了我们熟悉的手机短信、社交网站、博客和即时通信等沟通方式,其在传播力、影响力、聚合力等方面表现出独特的优势,在图书馆读者服务中发挥着越来越大的价值[2]。所谓微博营销,一般可定义为:博主通过更新微博内容来吸引其他用户关注,并通过双方的沟通和交流时的信息传递来实现营销目标的一种网络营销方式[3]。微博营销相对于传统的营销有着即时性、便捷性、互动性、立体性等特点。而这些特点也决定了在图书馆服务中微博营销自身的价值[4]:图书馆信息发布的快捷平台;服务推广的快速通道;深度了解读者需求的有效渠道;服务活动口碑反馈平台。故此,越来越多的图书馆深刻意识到微博营销的重要性,纷纷运用营销理论,通过微博整体营销图书馆及图书馆所提供的服务。而微博营销符合 4C 营销理论顾客、成本、便利和沟通的框架,4C 营销理论正逐渐被运用于公益性图书馆服务营销之中,同时日益显示出其特殊的重要性。

2　4C 理论下重庆图书馆微博营销策略与应用

截至 2014 年 4 月 7 日,重庆图书馆共发布微博 7296 条,粉丝数量 23 168 人。通过山东省图书馆参考咨询部对全国 46 家公共图书馆及少儿图书馆微博的监测,重庆图书馆在微博发布、粉丝数量、转评总量等方面一直保持领先的地位。以 2014 年 1 月微博监测为例[5],原创 214 条,被转发 657 条,评论 201 条,列发布微博总数第 3、微博转评量第 4。重庆图书馆自开通微博始,从对微博营销的认识、起步到策略应用,正经历着在 4C 理论下微博营销实践与学习的过程。

2.1　调研粉丝状况,以读者需求为导向

4C 营销理论首先强调要将顾客的需求放在首位,全面了解其需求和愿望。对于图书馆微博营销来说,读者调研的方向和目标在于了解读者的需要,了解服务活动的效果。即使调研没有精确的答案和数据,但是对于掌握目标用户、明确自己的服务定位同样具有重要的参考价值。

2.1.1　了解粉丝构成,明确活动定位

当图书馆开通官方微博后,读者或者感兴趣的网民就会关注图书馆,从而成为粉丝或者潜在粉丝。了解读者粉丝的特征与态度可为图书馆的服务提供第一手的材料。

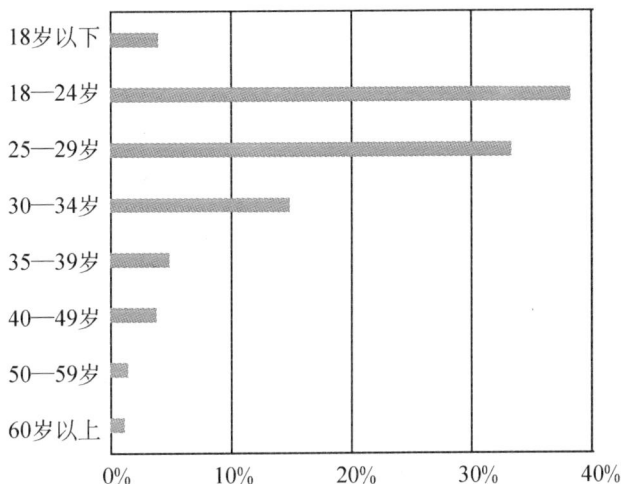

图 1　重庆图书馆微博粉丝年龄构成(2014 年 2 月 27 日数据)

从图 1 得知:18—24 岁年龄段的粉丝占重庆图书馆微博粉丝总数的38.13%,其次为的 25—29 岁的粉丝,占总数的 33.22%,再次为 35—39 岁年龄段的粉丝,占总数的 14.65%。可以看到,重庆图书馆粉丝总量的86% 为 18—39 岁的青壮年读者。男性粉丝为 61.29%,女性粉丝为38.71%。我们知道,大多数微博用户都会设置标签和定期发布、转发信息与评论微博,那么就会呈现一个用户关注的信息特点,从而通过搜索得知其爱好、特点习惯等。掌握了粉丝的年龄结构、性别分布、兴趣爱好等,对开展的服务活动的推送与宣传更具针对性与目标性。如,针对年轻父母定期推送"重图少儿活动"信息,面向英语爱好者推送"重图英语角"消息等。又如,2014 年"三八节"之际,重庆图书馆联合沙坪坝区妇联特别邀请知名形象设计师做客"重图讲座",主讲《时尚点亮生活》。为此,重庆图书馆针对所有女性读者粉丝群发送讲座信息私信,当日女性听众络绎不绝,讲座现场座无虚席。

2.1.2　掌握粉丝质量,扩大传播范围

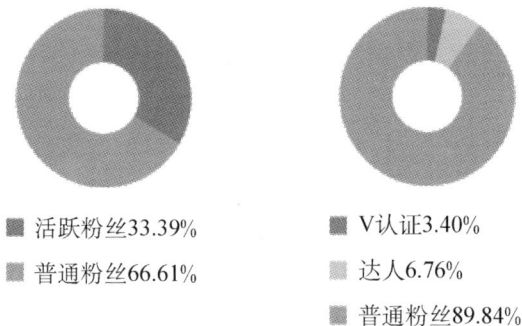

■ 活跃粉丝33.39%　　　　■ V认证3.40%
■ 普通粉丝66.61%　　　　■ 达人6.76%
　　　　　　　　　　　　　■ 普通粉丝89.84%

图 2　重庆图书馆微博粉丝质量(2014 年 2 月 27 日数据)

通过图 2 我们看到:重庆图书馆微博活跃粉丝占粉丝总量的 33.39%,加 V 认证粉丝占总量的 3.40%。粉丝活跃度是衡量微博营销的重要指标。微博内容的转发数、评论数与粉丝的构成比例息息相关。活跃粉丝愿意倾听、转发、评论、扩展图书馆的服务信息,活跃粉丝越多,信息的传播越广。而加 V 认证的个人和团体粉丝,其在行业的影响力、引导力举足轻重。一方面,重庆图书馆微博与活跃粉丝保持一种持续而稳定的沟通与互动,培养活跃粉丝的忠诚度与黏性,同时又从他们的评论及转发里获取需求的信息;另一方面,与加 V 认证粉丝通过日常的交互、活动合作等多种方式,培养良好的合作关系。当然,应进一步调动重庆图书馆微博读者粉丝的积极性,提高其活跃度。

2.1.3　倾听读者心声,分析粉丝需求

图书馆微博营销就是要让读者参与并发出声音,进而了解他们发出什么样的声音。2013 年年底,重庆图书馆微博推出"2013 我和重图的故事"活动,通过倾听读者粉丝 2013 年和重图的故事,了解他们对重图的肯定、批评,分享他们与重图的点滴。同时,分析与琢磨他们对重图的期待与需求,以此获得有价值的建议,调整、审视、完善我们的服务,最大限度满足读者粉丝的需求。

重庆图书馆 **V**：#2013我和重图的故事#2013正悄悄作别,回望2013,亲爱的读者,在重图:你相遇了哪一本钟情的书?你邂逅了怎样一段温暖的故事?你又遭遇了什么吐槽的事件?发布微博"#2013我和重图的故事#+内容",写下你的心情和文字,同时@重庆图书馆 并@3位好友,说不定有惊喜等着你哟。活动时间12.18—31。行动吧!

图 3　重庆图书馆"2013 我和重图的故事"微博营销活动

2.2　成本控制,实现图书馆与粉丝的双赢

4C营销理论的第二点是成本。在这里,成本并不仅仅指企业的生产成本,还指消费者的购买成本,这里的购买成本包括消费者的货币支出,还包括其为此耗费的时间、体力和精力,以及购买风险[6]。微博注册和发布信息均是免费,相比传统的媒体,微博营销的成本大大降低。此外,图书馆微博粉丝无须亲自到图书馆即可获取图书馆的服务信息,并且通过线上参与,直接享受活动的福利。诚然如此,但在控制成本的基础上实现图书馆与粉丝的双赢,还需要不断创新。

2.2.1　精心设计话题,发布有效微博

内容精彩、有声有色、风趣幽默、深入人心的话题能吸引读者粉丝的关注、参与和互动,甚至还会就话题以外的内容展开讨论,这不仅让服务活动得到推广和宣传,进一步增加微博的亲和力和图书馆品牌的价值,而且读者粉丝可有针对性地选择自己喜好的话题进行浏览,最大限度地降低了获取信息的时间成本。重庆图书馆微博设置了"新书推荐,欢迎借阅""重图讲座""重图少儿活动""阅报读刊""English Anytime""阅读""重庆市公共图书馆""生活百科""书香悦读""书摘碎语""寻觅历史"等30个固定话题。同时,定期观察上述话题的效果,并合理整合与调整,使其更为有效和受欢迎。2014年2月,在"重图讲座"1000期之际,重庆图书馆微博推出"王蒙主题讲座",告知读者粉丝:只需关注重图讲座、重庆图书馆,转发微博并@5位好友,即有机会免费领取入场券。此话题在短时间内被阅读2.6万次、转发119次、评论42次。一方面,读者粉丝通过转发获取与名家近距离接触的机会,另一方面重庆图书馆吸引了一批新粉丝的关注,提升了官方微博的人气。

2.2.2　重视粉丝领袖转发,提升宣传效果

图4为重庆市人民政府新闻办公室微博于2013年10月在重庆图书馆与华龙网合作推出"网上重庆图书馆"后发出的信息。作为重庆市政务微博圈成员,重庆图书馆与重庆市人民政府新闻办公室互相关注,而重庆市人民政府新闻办公室作为重庆市政务微博的"老大",有一大批忠实的粉丝追随,其对网上图书馆上线新闻的发布,迅速引发"渝北发布""潼南县政府新闻办""大渡口网""中共沙坪坝区宣传部"等重庆市政务微博纷纷转发,宣传面、覆盖面、影响力得以大大提升,赢得宣传推广的极佳效果。对

于图书馆来说,每当发出有价值和兴趣点的话题后@或私信邀请名人或大号进行互动,对吸引有效粉丝可达到良好的效果。

图 4　重庆市人民政府新闻办公室转发重庆图书馆微博

2.2.3　合理添加链接,提供更多信息

为了给读者粉丝提供更为丰富的信息,添加链接引导粉丝从微博转移到网站上特定的内容,不仅使读者进一步了解到详细信息,而且使图书馆更全面地展示自己的服务。重庆图书馆微博在主页链接了"重图开馆时间""重图交通指南""重图办证指南""重图服务介绍",方便读者对重庆图书馆的了解和利用。此外,把微博和官方网站关联起来,让微博和官方网站互相导流、互相推广,进一步方便并引导读者深层次与图书馆产生联系与沟通。

2.3　增强粉丝黏性,提供便利快捷服务

4C 营销理论着重考虑给顾客提供便利,以购买到想要的商品。便利是指企业应该从顾客的角度,在顾客消费过程中给予方便,而不是从企业自身方便来考虑。图书馆将丰富的活动服务信息在微博及时发布,粉丝第一时间获取信息,并且通过私信、回复等进一步获取具体的活动内容,这大大方便了读者。

2.3.1　丰富读者活动,吸引粉丝关注

2013 年重庆图书馆微博粉丝快速发展,全年净增粉丝 14 900 个,同比增长率达 193.48%,平均每天增长粉丝 40.82 个。增长迅速重要的原因之一,是 2013 年重庆图书馆为读者提供的各类便利活动品质不断提升,"重图讲座""重图展览""重图少儿活动"斑斓多彩。此外,与华龙网合作开通"网上重庆图书馆",建立"重庆市公共图书馆讲座展览联盟"和"农民工服务联盟"等,更多的市民希望通过微博了解、掌握、参与读者活动。

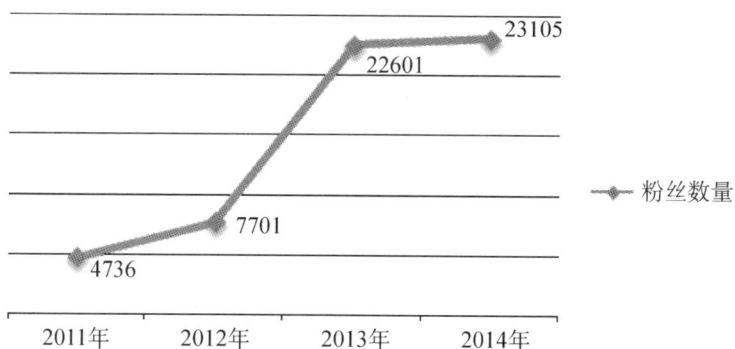

图 5　重庆图书馆微博粉丝增长情况（数据截至 2014 年 4 月 7 日）

2.3.2　优化发文时段,把控发文数量

掌握好用户使用微博的高峰时间,不仅让微博的运营起到事半功倍的效果,而且为粉丝提供更为方便的微博服务。运营者应当抓住这些规律进行更新,每天更新的数目可以控制在 10 条左右,太少的话无法让用户发现,太多又可能让用户厌烦。更新的时间点不要太集中,可以分散在各个高峰时段[7]。

重庆图书馆微博经过初期的运营尝试与探索,在内容建设与发布规律方面逐步成长。2013 年,加大了微博的发文量,共计发文 4058 条,同比增长 120.9%,日均发文 11.11 条。此外,通过微博数据中心的粉丝习惯分析,逐渐掌握了粉丝使用微博的高峰时段,并以此合理安排发文时间,方便读者粉丝阅读、转发和评论。同时,适当使用"皮皮时光机"定时发布、定时转发微博,以最大限度地吸引住读者粉丝对重庆图书馆的持续关注。

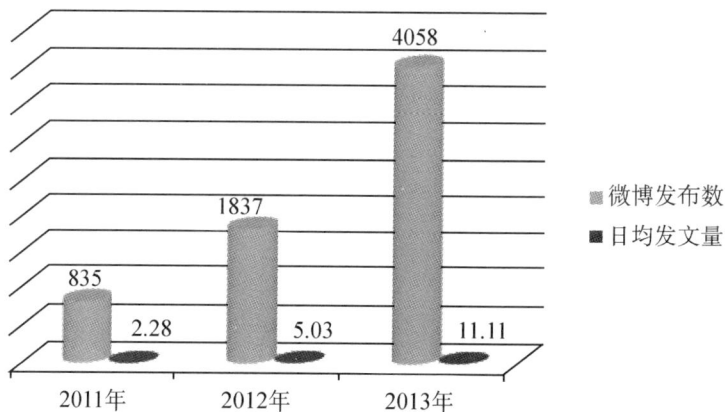

图 6　重庆图书馆微博发文情况

043

2.3.3　建立微博矩阵,服务各类读者群体

微博矩阵是微博营销中极为重要的策略之一。它通过不同账号精准有效地覆盖图书馆的各个用户群体,服务各类读者,实现营销效果的最大化。

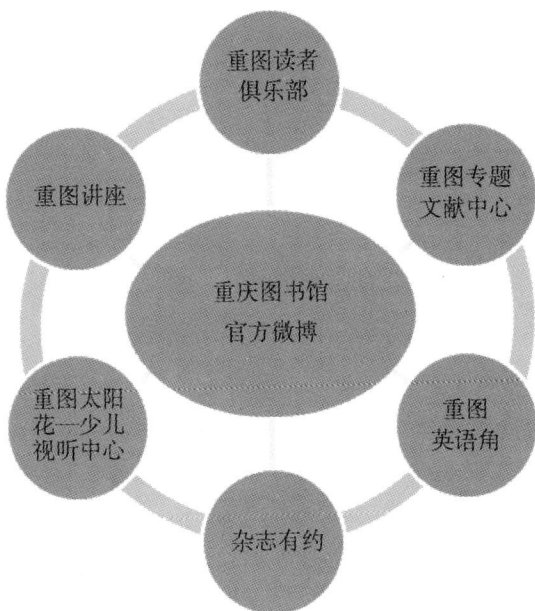

图 7　重庆图书馆微博矩阵

目前重庆图书馆在新浪开设认证微博账号 6 个,依据各自的服务内容及粉丝群体特点,建立起了一个较为完善的微矩阵。重庆图书馆官方微博主要发布重庆市公共图书馆资讯、重庆图书馆最新动态、业界信息、重庆市情、阅读推荐等;“重图讲座”侧重对重庆图书馆主办的讲座、展览的推广与展示;“重图读者俱乐部”面向读者进行新书推荐、读者活动的宣传;“重图太阳花—少儿视听中心”主要营销少儿读者活动、亲子阅读活动;“重图英语角”是重庆图书馆为全市读者搭建的一个自由交流英语的公益性平台;“杂志有约”主要进行馆藏报刊阅读的宣传与推广;“重图专题文献中心”主要对馆藏特色文献进行介绍与宣传。各分微博围绕官方微博展开,但彼此之间相对独立,各司其职,形成与官方微博、分微博之间的关联和互动。通过这样的排兵布阵,更为有效地网住受众,为读者粉丝提供多种服务。

2.4　拉近与粉丝的距离,双向互动沟通

4C 营销理论认为,企业应该积极有效地同顾客进行双向沟通,以此建立基于双方共同利益的新型关系,用沟通代替促销,在沟通中建立互相的

信任。微博与传统营销方式的最大特点是能及时与顾客双向互动,因此利用这一优势非常重要。

2.4.1　及时迅速回复,平等双向沟通

升级后的新浪企业版微博在主页上设置有"私信""@ 他",方便粉丝向图书馆留言、咨询、投诉、表扬,为双向沟通提供了更为便利的通道。对于粉丝的@、评论,我们应当及时予以回复。同时要用平等的态度对待粉丝,平等体现在态度,体现在语气,体现在分寸。"私信"具有的针对性、隐秘性和安全性,能够使图书馆与读者粉丝就相关事宜进行详尽的沟通,充分利用私信进行读者活动推广、咨询及活动后期反馈十分重要。此外,特别提醒的是,人为删除读者的负面留言是微博运营之大忌,积极真诚地处理意见才是正确的选择。即使难以改变事实,但是可以及时表态,尝试改变读者情绪。

2.4.2　借势热点话题,巧妙开展互动

抓住一段时间内大家关注的热点话题,策划与图书馆相关的活动,通过读者粉丝的参与,形成良好的互动,既宣传的图书馆的品牌,又赢取了粉丝的关注。重庆图书馆利用中秋、国庆长假的契机,在微博上发起"带着图书去旅行"的有奖活动。活动中,重庆图书馆微博晒出畅销新书单;读者粉丝通过转发并申请赠书,被选中的粉丝获得新书一册,带着赠书去旅行;获赠者通过微博记录所见所闻,并发表以"带着图书去旅行"为话题的原创博文,和大家分享阅读的书香和旅行的快乐,与重庆图书馆及所有的粉丝互动和交流。

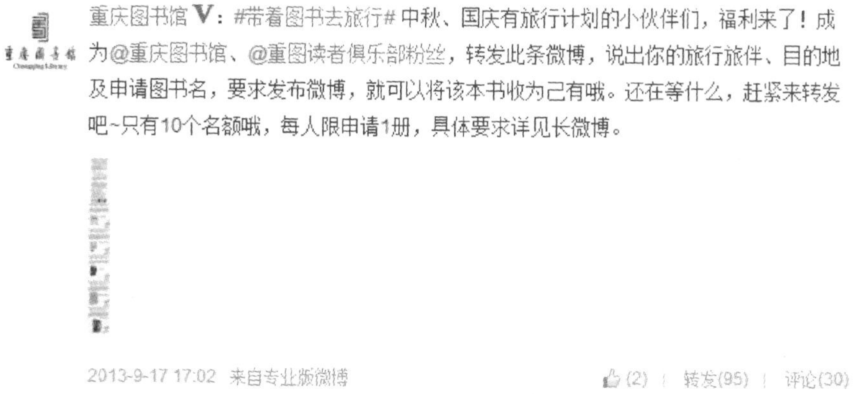

图 8　重庆图书馆"带着图书去旅行"微博营销活动

045

2.4.3 塑造鲜活形象,实现有效沟通

官方微博绝非仅是一个单纯的信息发布平台,面对读者粉丝,要让自己的微博像一个人,有感情,有思考,有回应,有自己的特点,同时还要有网感和人文的力量。这样,才可能更容易让粉丝靠近,才能真正走进粉丝心中,实现有效互动与沟通。适时使用网络流行语,可增强信息的生动性、可读性和吸引力;适当运用重庆方言俗语,可增加微博形象的鲜活和地方特色,更易与读者粉丝产生共鸣和互动。此外,制造活泼的话题,也会收到有效的沟通效果。如,重庆图书馆"重图讲座"微博以"图图爱出镜"为话题发布生动、实用、有趣的系列动漫,呈献给读者粉丝一个鲜活、亲切的"图图君"形象,介绍重图馆藏、资源使用方法、图书馆文明礼仪等,拉近与粉丝的距离,从而与读者进行坦诚而深入的沟通。

3 4C 理论指导下图书馆微博营销的思考

3.1 了解粉丝需求,科学管理粉丝分类

一方面,进行目标群体需求调研。可设置当粉丝关注重庆图书馆微博后,自动回复粉丝的一个需求调查,了解读者的阅读倾向、感兴趣的阅读服务产品、需要怎样的读者活动等,搜集和积累目标群体的基本喜好和需求情况。另一方面,进行服务活动效果调查。对策划和组织的读者活动,进行问卷调查和投票,直接获取粉丝对服务活动的口碑、认可度、信念态度等,判断服务活动的价值,积累经验,作为今后活动的重要参考。此外,借助 SCRM 对粉丝进行分类管理。SCRM,即社会化客户关系管理(Social Customer Relationship Management),它是传统 CRM 的延伸。在 SCRM 中顾客是整个系统中最为关键的因素,它决定了企业该如何来运营品牌的 SCRM。SCRM 使品牌必须与顾客平等交流,相互沟通,必须与顾客一起合作,才能使品牌正常经营[8],品牌和顾客真正融为一体。通过 SCRM,图书馆不仅了解粉丝的显性需求,更进一步挖掘粉丝的隐性需求,最终策划和组织满足粉丝需求的服务活动。

3.2 建立微博架构,充分明确各自营销职责

重庆图书馆虽然建立了微博矩阵,但一直缺乏专职人员的管理,心余力绌而力不从心时常困扰微博的营销。做好微博营销,必须建立微博架构,如下图:

图9　微博部门架构图

　　微博运营主管主要负责图书馆微博营销的策略和方向,制定微博营销的计划和目标,以及负责微博账号及密码管理,处理微博突发性问题等;微博执行小组负责日常微博信息的文字、图片和视频的收集、编辑、撰写、发布,与粉丝互动,对微博数据的分析;活动策划小组主要负责微博线上、线下活动的策划、组织,活动的总结等;读者沟通小组主要负责留言板、私信的回复,与粉丝的协调与沟通,解答粉丝的咨询与问题,维护与粉丝的良好互动关系等。只有明晰各岗位职责,才更便于管理微博,微博营销也更容易突破,也才能根据需求给读者粉丝带来更为便利的服务。

　　3.3　微博微信互补,提供更为便捷服务渠道

　　目前,微信已经强势地渗透于人们的生活之中,在此背景之下,微信营销也是大势所趋。2014年4月重庆图书馆微信公众号上线,设置有书目检索、我的重图、读者服务3个板块,其他功能正在建设之中。虽然微博的社会影响力超过微信,也更官方,但微信更具凝聚力,在读者服务方面更有针对性,同时更具时效性,并且其粉丝忠诚度更高。微博和微信两者具有不同特点的营销价值,它们已经成为重庆图书馆不可或缺的营销平台,无论两者具有怎样的特点,对图书馆来说,做好服务营销,最关键的一点是必须具备"读者第一"的服务精神,向读者提供便捷、优质的服务。

参考文献

1　百度百科.4C营销理论[EB/OL].[2013 – 03 – 12].http://baike.baidu.com/link?ur

2　王祝康,王兆辉.微博营销策略应用于公共图书馆阅读推广的研究[J].图书馆杂志,2013(9)

3　孙擎.浅析国内微博营销面临的挑战[J].中国商贸,2011(3)

4　王祝康,王兆辉.微博营销策略应用于公共图书馆阅读推广的研究[J].图书馆杂

志,2013(9)

5　山东省图书馆参考咨询部.全国部分图书馆博文基本情况统计表[J].全国公共图书馆微博监测月报,2014(1)

6　周小贝.基于4C 理论的中国联通微博营销案例研究[D].广州:华南理工大学,2012

7　赵黎.企业微博内部讲义:手把手教你做微博[M].北京:石油工业出版社,2013

8　朱卫兰.社交网络环境下的社会化 CEM 运行机理研究[J].商贸营销,2013(3)

城市图书馆研究 2014 年第三卷第一辑   Journal of Metropolitan Library   Vol.3 No.1   2014

新技术条件下深圳公共图书馆服务的转变

张 岩

The Service Transformation of Shenzhen Public Library under the Condition of New Technology

Zhang Yan

摘要：新技术是社会变革的力量源泉。深圳公共图书馆界 10 多年来始终致力于"文化＋科技"发展模式的积极探索，通过技术创新与研发应用构建多元化的馆藏资源体系、全覆盖的图书馆网络，打造便捷的统一服务平台，以读者需求为本，促进深圳市公共图书馆服务向"5A 梦想"深刻转变。

关键词：深圳，公共图书馆，阅读服务，转变

Abstract：New technology is the source of strength for the social change. Shenzhen public libraries have been committed to the development of "culture & technology" mode for more than 10 years. Through technology innovation and building diversified system of collection resources, as well as wide spread library network, Shenzhen public libraries are striving to build a unified service platform, promoting Shenzhen public library service system to match the 5A standard.

Keywords：Shenzhen, public library, reading service, transformation

1 深圳公共图书馆"文化＋科技"的发展之路

科技革命曾以其极大的能量改变世界[1]。对于公共图书馆关注的阅读文化，科技的影响亦无处不在。例如手机移动阅读 20 年前还是纸上谈兵，10 年前是阳春白雪，而今天，移动技术的发展和智能手机的普及，使普通人都可能在公交、地铁上利用零星时间、通过手机等载体进行各类信息浏览。随着微博、微信、网络收音机等传播方式的不断创新，阅读更呈多元化、立体化发展态势，渗透到百姓生活的方方面面。在朝气蓬勃、年轻人居多的深圳，这种变化尤为明显。

在科技发展的过程中，深圳公共图书馆行业顺势而为，积极致力于"文化＋科技"发展模式的探索：1986 年深圳图书馆成为全国较早全面采用计算机化管理的图书馆之一；深圳市陆续建成的各区图书馆均以计算机化管理为基本建设要求，实现了较为全面的图书馆业务自动化管理；2006 年深圳图书馆将无线射频技术（RFID）全面应用于图书馆各个领域；2008 年深圳自助图书馆网研制成功并开始全面建设；2009 年全市推行各级公共图书馆的统一服务，基于数字资源共建共享的"深圳文献港"正式开通使用。

张岩，深圳图书馆馆长、书记，副研究馆员。Email：zhangyan@szlib.gov.cn

一系列先进技术的创新研发与应用,带动图书馆整体形象与服务效益不断提升,公共图书馆成为城市阅读和书香社会建设的文化地标之一。

2　以新技术应用为发展引擎打造完备的统一服务平台

深圳的图书馆事业经历了一个从无到有,从有到多,从多到全的发展历程。2003 年,深圳市委市政府将打造"图书馆之城"建设纳入城市发展战略[2],以良好的顶层设计带动了全市图书馆基础设施建设、资源建设、服务体系建设的大发展。十年磨一剑,如今,以理念引领、技术支撑、服务联动的"图书馆之城"统一服务平台已初步建成,新技术的研究与应用为阅读服务事业提供了强大动力。

2.1　以统一技术规范构建全覆盖的图书馆网络

1979 年 3 月深圳建市之初,只有 1 家公共图书馆;1983 年深圳市新宝安县图书馆开馆;1985 年,罗湖区图书馆、沙头角图书馆、蛇口工业区陆续开馆;1986 年,1.3 万平方米的深圳图书馆新馆舍建成开放,20 世纪 80 年代末全市共有公共图书馆 5 家;到 90 年代末,全市也仅有 8 家公共图书馆。进入 21 世纪,深圳的公共图书馆建设进入快速发展时期(见表 1),统一技术与服务规范使基层图书馆纳入一体化服务网络,全市图书馆总量有增有减,动态发展,确保服务效果,有效增强了生机与活力。各区图书馆还结合各自实际,在基层图书馆建设上不断创新,出现"南山模式""宝安模式""福田模式"以及罗湖"悠·图书馆"模式等诸多特色,形成全市各级公共图书馆特色独具、合作共赢的良好格局。

表 1　近年深圳市公共图书馆数量与人口变化

年份	公共图书馆数(家)	人口(万人)
2002	177	746.62
2004	314	800.8
2006	508	871.1
2008	594	954.28
2010	638	1037.2
2012	640	1054.74
2013	633	1062.89

数据来源:深圳市"图书馆之城"业务数据统计。

新技术条件下深圳公共图书馆服务的转变

　　2008 年,深圳"城市街区 24 小时自助图书馆系统"(下称"自助图书馆")研制成功,采用标准化的技术设备、网络化的服务组织、智能化的监控管理、全城化的物流配送扩大深圳图书馆服务半径,目前全市自助图书馆总量达到 200 台(见表 2),已建成覆盖全市和具有规模效应的自助图书馆网,探索出一整套自助图书馆建设、管理与服务模式,成为图书馆管理与服务的全面创新[3]。自助图书馆系统以其较为灵活的建设模式、智能化监控管理技术、全自助与全天候的服务方式和均等化服务等特点,被业界誉为"第三代图书馆",荣获国家文化部第三届"文化创新奖",被列为首批国家文化创新工程。自助图书馆在深圳遍布街区,普及使用,成为 600 多家实体图书馆的有益补充,引发市民对图书阅读、图书馆服务的极大兴趣,有力引导和推动了全民阅读。

表 2　深圳市历年自助图书馆数量

年份	自助图书馆新增数量(台)	自助图书馆累计数量(台)
2008	10	10
2009	30	40
2010	100	140
2011	20	160
2012 至 2013	40	200

数据来源:深圳市"图书馆之城"业务数据统计。

2.2　通过技术整合构建多元化的馆藏资源体系

　　1979 年深圳建市时,全市馆藏文献总量不足 20 万册。1989 年公共图书馆合计馆藏量为 53 万册;1999 年合计馆藏量为 203.8 万册。进入 21 世纪,深圳市公共图书馆文献资源建设进入大发展时期,数量、种类快速增加(见表 3)。

表 3　深圳市近年公共图书馆馆藏与人口情况

年份	纸质文献总藏量(万册)	电子文献总量(万册/件)	常住人口数(万人)
2002	536.44	–	746.62
2003	648.5	–	778.27
2004	745.55	–	800.8
2005	992.59	–	827.75

续表

2006	1030. 47	–	871. 1
2007	1210. 51	–	912. 37
2008	1344. 45	–	954. 28
2009	1495. 36	–	995. 01
2010	1657. 37	–	1037. 2
2011	1765. 16	726. 81	1046. 74
2012	1879. 97	823. 79	1054. 74
2013	1976. 73	877. 65	1062. 89

数据来源:深圳市"图书馆之城"业务数据统计,其中2002—2010年的电子文献总量部分,只单独统计电子图书,未进行汇总统计。

与此同时,伴随着数字资源出版量的快速增长,深圳图书馆界立足于各馆的定位和读者特点与需求,不断调整和优化馆藏文献结构。目前深圳三家市级公共图书馆数字资源的合计采购经费已超过年度资源采购总经费的30%。在此基础上,各类型图书馆共同参与的文献资源共建共享工作已经展开,强调资源建设的共建与共享,在最大限度节约财政资金的同时,为城市阅读积累了丰富的文献资源和资源发现渠道。

"深圳文献港"则由深圳图书馆、深圳市科技图书馆、深圳大学图书馆等不同类型的图书馆联合创建。深圳地区的图书馆一体化服务通过技术整合与合作,在资源共享上跨越了图书馆系统的壁垒,并以城市合作为基础,成为高校图书馆联盟(CALIS)深圳共享域,深圳读者可以通过本地图书馆获取全国几百家高校图书馆的数字资源服务。

2.3　以统一技术平台打造全市图书馆统一服务

以"图书馆之城"统一服务平台为依托,全市主要图书馆的统一服务已经实现,资源载体多元化且程度不断加深。目前全市221家各级图书馆和200台自助图书馆已实现统一导航、统一检索、一证通行、通借通还,为读者提供便捷、高效、无差别的一站式图书馆服务,实现纸质文献资源的大流通,其中自助图书馆网实现纸质文献全年365天24小时不间断服务。倡导全市数字文献资源协调采购,允许馆外访问,并开辟个人数字图书馆、手机图书馆等服务,资源共建、共享不断深化。全市各类图书馆所举办的读者活动,如讲座、展览、培训等,也获得了新的发展,并采取实时分享、网上浏览与点播、电视台定期播放等方式实现多途径展示和全城共享。以统一技术平台为支撑所打造的资源流通和服务体系，为市民阅读提供了高效便捷的阅读服务平台，因此虽然置身技术浪潮、数字化阅读方式冲击，深圳近年来的公共图书馆读者服务量仍呈现稳定增长的局面（见表4）。

新技术条件下深圳公共图书馆服务的转变

表4　深圳市近年公共图书馆读者服务情况

年份	到馆人次（万人次）	外借册次（万册次）	活动场次（次）
2002	566.32	161.56	715
2003	579.54	158.61	1068
2004	699.09	176.68	2429
2005	888.4	196.75	6025
2006	1033.05	317.53	8758
2007	1370.53	536.9	9363
2008	1635.14	618.45	2733
2009	1974.63	782.92	3723
2010	2111.34	851.68	4062
2011	2267.98	873.8	5242
2012	2292.88	926.1	5256
2013	2427.62	971.3	6697

数据来源：深圳市"图书馆之城"业务数据统计。

3　开拓创新，图书馆阅读服务向"5A梦想"深刻转变

现代科技的发展和应用使图书馆阅读服务比以往任何时代都无限接近"5A梦想"，即"任何用户（Any user），在任何时间（Anytime）、任何地点（Anywhere），均可以获得任何图书馆（Any library）拥有的任何信息资源（Any information resource）"[4]。图书馆事业是一个生长着的有机体，实现"5A梦想"既是现代文明进步的要求，也是城市文化服务和图书馆事业自身发展的要求。在"平等、免费、开放"的先进理念指导下，深圳图书馆界以技术创新促进服务创新，促使全市图书馆服务方式发生深刻变化。

053

3.1　从人工服务到自助服务

2006年深圳图书馆在全国率先引入RFID技术，全面推行自助服务，包括自助借还、自助办证、自助复印、自助上机等一系列自主、便捷的服务，

受到读者热烈欢迎,目前深圳图书馆的自助服务量已占借还服务总量的95%以上。伴随着全市统一服务的推进,全市各主要图书馆均引进了自助服务设备,办证、借还、复印、上机等业务基本完成从人工服务向自助服务的转变。

3.2　从到馆服务到立体化服务

建设分馆和流通服务站(点)是图书馆开展延伸服务的常规做法,而基于技术的延伸服务则为图书馆开辟了更为广阔的前景。例如,数百台的自助图书馆网成为深圳图书馆延伸服务的典型模式之一,集成化的设备通过全自动方式实现了图书馆的基本服务功能;依托自助图书馆开展的"预借送书服务"则是精准延伸服务的突出代表。使读者与馆员不需见面就可高效实现"为人找书,为书找人"的传统服务目标;借助互联网技术、移动技术的延伸服务使读者可以随时随地在馆外访问图书馆的数字资源,使服务无处不在,传统图书馆的各项服务功能得到全面拓展。

3.3　从纸质文献服务到全媒体服务

新技术的发展打破了图书馆主要围绕纸质文献开展服务的惯例,各类新型文献资源的出现使图书馆借助新技术,不断构建与之相适应的储存、建设与服务体系,图书馆服务从纸质文献服务向全媒体服务转变。全媒体服务以整合文字、图片、音频、视频等全媒体信息资源的数字图书馆技术为源头,以互联网、移动网络、电视网络等为渠道,以各类型电脑、电视、手机等设备为终端,为读者提供海量信息服务,将图书馆的资源与服务推送到千家万户。

3.4　从有限时间服务到全天候服务

传统的图书馆依靠馆舍和人员,存在"开、闭馆"问题。而今,新技术应用使图书馆拥有了更多的"面孔":数字图书馆服务可以无时不在、无处不在,读者可随时随地通过计算机、手机、电视机等渠道访问"图书馆";电话语音服务全天候解答读者咨询;遍布城市街区的 24 小时自助图书馆服务机和 24 小时自助图书馆服务区,使图书馆文献信息服务的便利性、均等性大大增强;于 2013 年 11 月建成开放的深圳图书馆"南书房"经典阅读服务区,则充分发扬自助服务优势,减少阵地服务的时间局限,开创了图书馆的"7/11"服务模式,为读者在时间、空间和内容上提供全方位、高品质的阅读享受。

新技术条件下深圳公共图书馆服务的转变

3.5　从单馆服务到全城一体化服务

在高度专业化的时代,合作、共享是应对新技术发展种种问题的良好途径。因此,图书馆从以往单馆服务向全城一体化服务的转变,既是图书馆服务发展的必然趋势,也是顺应文献资源多元化发展的必然结果。在"图书馆之城"建设过程中,深圳以市、区图书馆为骨干,构建图书馆云服务技术架构,打破了现行行政体制障碍,集中全市图书馆的技术、资源与服务优势,向读者提供便捷、高效的一体化服务,在增强图书馆服务便利性的同时,促使全城图书馆共建共享、服务量逐年增长(见表4)。

4　以人为本,"图书馆之城"涵养城市精神

科技应用为深圳的图书馆事业发展插上了双翼,而图书馆人始终脚踏实地,以满足社会和大众需求为服务的根本目的。以人为本的各项服务、良好的阅读环境和条件,每天吸引着数以万计的读者涌入图书馆、使用图书馆各类资源。市民沐浴文化春风,感受阅读与学习带来的满足与快乐。阅读也在深刻地改变着深圳这座城市的气质与行为[5]。不少读者通过征文、微信、微博留言等各种渠道,表达了因享受图书馆服务而对这座城市产生的精神依恋:离开深圳后在遥远的地方思念这里;在离开深圳后发现这里有其他城市没有的东西而重返这里;原本打算离开深圳却在享受图书馆服务后继续坚守这里。许多感人的故事因深圳的阅读服务不断发生。

城市精神是文明世界的象征。每个城市尤其是杰出的城市都有自己独特的精神气质。加拿大贝淡宁教授和以色列艾维纳教授在《城市的精神》[6]一书中认为,耶路撒冷是"宗教之城"、蒙特利尔是"语言之城"、牛津是"学术之城"、巴黎是"浪漫之城"、纽约是"抱负之城"等。深圳作为一座年轻的城市,早在2000年就创办全国最早的读书节庆活动"深圳读书月",2003年更在全国最早提出打造"图书馆之城"的城市文化发展愿景。通过十多年政府倡导、社会参与的持续努力,读书、求知的社会氛围在深圳已蔚然形成。2013年,在"深圳读书月"活动举办14届、"图书馆之城"建设10周年之际,深圳被联合国教科文组织授予"全球全民阅读典范城市"称号,深圳以其推崇阅读、服务阅读、享受阅读的"阅读之城"赢得了世界的尊重。

055

参考文献

1　帕尔默,等.工业革命:变革世界的引擎[M].北京:世界图书北京出版公司,2010

新技术条件下深圳公共图书馆服务的转变

2　深圳市建设图书馆之城推进办公室．深圳市建设图书馆之城的理念与实践［M］．深圳：海天出版社,2006

3　甘琳,等．创新与超越——城市街区自助图书馆网建设与实践［M］．北京：国家图书馆出版社,2013

4　程焕文,潘燕桃．信息资源共享［M］．北京：高等教育出版社,2004

5　阅读十年:想象力让一座城市飞翔［EB/OL］．［2013－06－01］．http://www.sznews.com/zhuanti/content/2009-11/02/content_4154381.htm.

6　贝淡宁,德夏里特．城市的精神［M］．重庆：重庆出版社,2012

城市图书馆研究　2014 年第三卷第一辑　　　Journal of Metropolitan Library　Vol.3 No.1　2014

清华大学移动图书馆的建设与发展

张　蓓　姜爱蓉　张成昱

The Construction and Development of Tsinghua University Mobile Library

Zhang Bei　Jiang Airong　Zhang Chengyu

摘要: 本文从设计思路、发展历程和系统特点三个方面着手,阐述了清华大学图书馆近年来在移动图书馆系统平台(TWIMS)建设实践方面的成果和体会,以期为各图书馆提供借鉴,以及未来的移动图书馆能够在满足读者信息服务需求上发挥更大的作用。

关键词: 移动图书馆,图书馆服务,移动服务

Abstract: The paper expounds the recent achievements and experiences of Tsinghua University in the construction practice of Tsinghua Wireless and Mobile Digital Library System (TWIMS) from its design ideas, development process and system characteristics. Hopefully this paper can provide some references for other libaries, like mobile libraries, to play a more important role of meeting the information requirement of readers.

Keywords: mobile library, library service, mobile service

近 10 年来,国内无线通信技术、互联网技术和智能终端设备的快速发展与普及应用,促使移动图书馆成为图书馆界发展和关注的热点,相关的研究和应用已形成一定规模。清华大学图书馆是国内最早开展移动服务的高校图书馆之一,从 2006 年起进行移动图书馆研究,开发和应用 TWIMS(Tsinghua Wireless and Mobile Digital Library System,清华无线移动数字图书馆系统),并于 2008 年承担教育部人文社科研究项目"基于无线广域网的移动数字图书馆实现和服务机制的若干关键问题"(08JA870010)和 2011 年立项的国家社会科学基金项目"基于用户体验的移动数字图书馆服务整合与系统集成研究"(11BTQ011)等研究任务。几年来,一系列支持馆藏书目查询和预约、学术资源检索和全文阅读等功能的移动服务相继上线,移动图书馆的实现有效地拓展了图书馆信息化服务的时空。

1　TWIMS 的设计思路

"设计、配备和运作一种运载工具以提供相比临时图书馆分馆更加合理使用的服务"是移动图书馆早在 1949 年就有的定义[1]。可见移动图书馆并非新

张蓓,清华大学图书馆,副研究馆员。Email:zhangbei@ lib. tsinghua. edu. cn

姜爱蓉,清华大学图书馆副馆长,研究馆员。

张成昱,清华大学图书馆系统部主任,副研究馆员。

生事物,"汽车图书馆"就是其中之一。而本文所介绍的移动图书馆,也称为"手机图书馆"。正是由于智能手机等手持式通信设备越来越成为信息传播和交互的重要载体,成为人们工作、学习乃至生活上的常用工具,促使图书馆开始关注移动图书馆的建设,希望以此为渠道,建立全新的信息服务环境。

本馆将移动图书馆系统命名为"TWIMS",以期像其名字朗朗上口一样,通过该平台为读者提供便捷、流畅的服务。TWIMS 的建立从基于用户体验的服务模式的角度出发,以充分调研和分析无线移动通信环境技术特点为基础,其基本的设计思路(如图 1 所示)是以手机等移动终端为信息展示和获取工具,以移动互联网为信息传播途径,将现有数字图书馆信息资源作为基本信息来源,通过异构信息资源的有效整合和异质用户视图的无损变换来实现移动图书馆信息服务平台,让读者享受到移动互联网技术和传统图书馆服务相结合带来的便利,真正体会到图书馆的无处不在[2]。

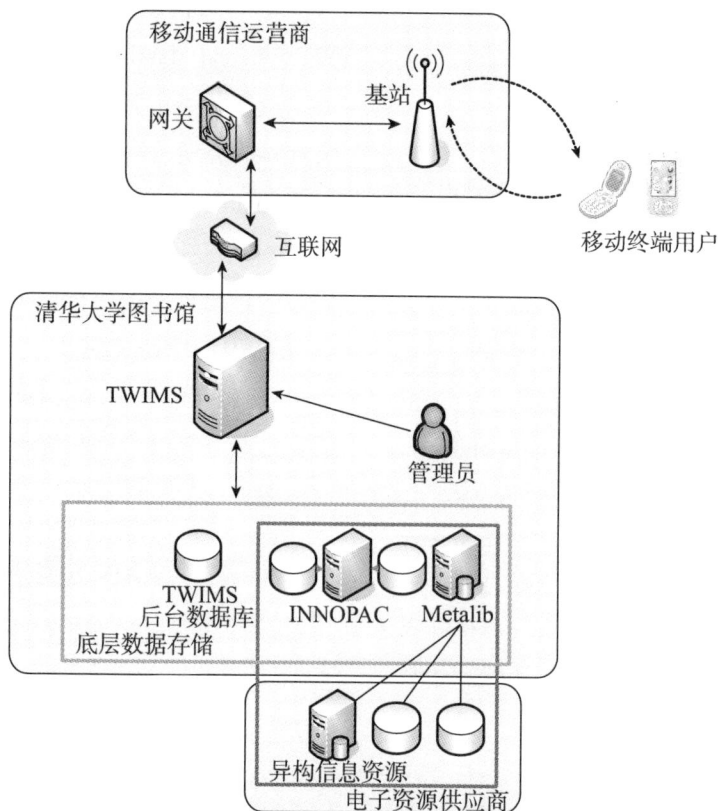

图1　清华大学无线移动数字图书馆系统(TWIMS)设计图

　　TWIMS 的实现有两个关键点:(1)图书馆各种资源服务体系呈现分散化的形态。这种分散化不仅体现为相关系统的独立性,也体现为底层实现方式的异构性所导致的使用环境无关性。对于异构资源能否实现整合、重构和传播,是移动图书馆系统提供优质服务的基础。(2)移动图书馆的发展与移动终端设备,特别是所采用的移动技术、设备的功能和性能等方面的发展息息相关。而这些发展变化是十分迅速的。要实现真正"泛在"的信息服务环境,需要充分考虑到各种信息设备的发展,实现可伸缩的信息承载和传播机制。

2　TWIMS 的发展历程

　　TWIMS 的发展与手机等移动设备的发展和普及程度同步。纵观国内移动图书馆的发展,从考虑读者使用方式、资源提供形式和信息环境类型等因素的角度出发,可划分为三个发展代际[3],而 TWIMS 历经移动图书馆发展的每一个时代且均有成果。

2.1　第一代移动图书馆

　　第一代移动图书馆是指在原有各类图书馆应用系统上嵌入可支持面向移动终端的服务功能模块。在国内开展移动图书馆服务的初期,手机等移动设备还没有达到今天的智能化程度,短信是移动用户最常使用的功能之一。因此,第一代移动图书馆基本上以短信作为主要的服务方式。TWIMS 也是通过短信服务的实现得以起步的,具体时间可以追溯到 2006年。TWIMS 主要提供两种短信服务:短信接收通知服务和短信自助交互服务。短信接收通知服务是指图书馆将图书超期、预约取书、培训讲座等各类信息通知以短信的形式推送给读者,如图 2(a)所示。短信自助交互服务是指读者通过手机向图书馆信息机发送特定格式的短信,进行个人借阅信息查询、图书查询、预约和续借等操作,如图 2(b)所示。

　　短信开辟了除实体图书馆、互联网之外的图书馆服务渠道,即使读者不到馆,也不具备上网访问图书馆网站的条件,依然可以及时获知图书馆信息和使用图书馆的服务。本馆利用短信技术实现移动化的信息服务,由于采用了移动通信基础运营商所提供的设备和系统,降低了开发难度,也具有较高的运行可靠性。即使进入移动设备智能化的今天,短信服务依然是最受读者喜爱的移动服务类型,2013 年本馆为读者提供各类短信服务的

059

年总量接近百万。

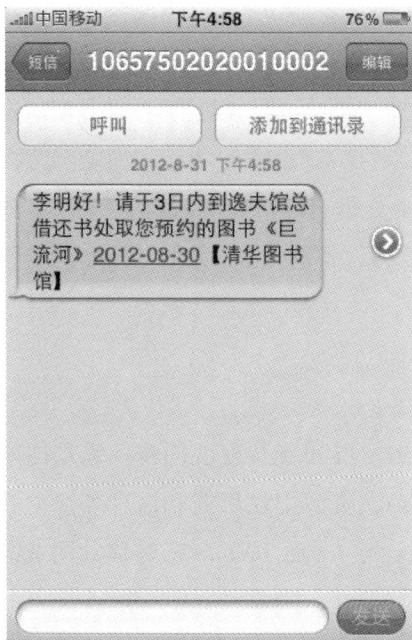

（a）短信接收通知服务　　　　　（b）短信自助交互服务

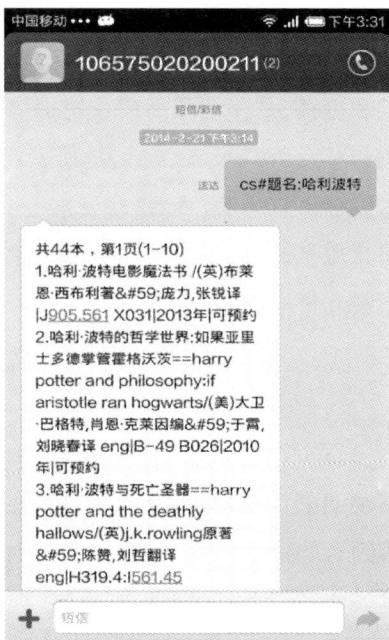

图 2　TWIMS 短信服务示意图

2.2　第二代移动图书馆

WAP（Wireless Application Protocol，无线应用协议），是一个使移动用户使用无线设备（例如移动电话）随时使用互联网的信息和服务的开放的规范[4]。第二代移动图书馆以基于 WAP 的服务为主，侧重于把现有基于互联网的数字图书馆资源和服务迁移到移动互联网平台上，从而使读者可以利用手机等移动设备复制原来在个人电脑上已有的信息使用体验。第二代移动图书馆是目前实践中主流的移动图书馆。TWIMS 在这个阶段的开发可以追溯到 2009 年。当时智能手机刚刚兴起，读者使用的手机硬件性能差别较大，并且移动互联网网络信号覆盖范围有限，数据流量费用还相对较高。早期的 TWIMS WAP 网站版本基于 WML 语言开发。设计之初，充分考虑到读者使用手机获取信息不同于其使用电脑访问互联网的特点。读者的使用行为多发生在不便于使用互联网（如公共交通工具上或自习室中等），而又急需获取一些信息的情况下。WAP 网站需要避免冗余信息和无用图片，节省手机流量费用。这个时期的 WAP 网站相对简单明了，

清华大学移动图书馆的建设与发展

呈现的多为读者常访问的图书馆服务和最关心的信息内容,如图 3(a)所示。

　　而随着智能终端设备的发展、无线通信技术的革新以及电信运营商对于流量资费等方面的变化,移动终端的应用地位显著提升,不仅仅局限于解决人们的不时之需。WML 语言也逐渐被表达性和兼容性更好的语言所替代。WAP 网站开始呈现更加丰富多样的功能和内容,如图 3(b)所示。目前的 TWIMS 网站已经可以支持:

(a) WAP 1.0网站　　　　　　　　(b) 现行网站

图 3　TWIMS WAP 网站示意图

　　(1) OPAC 查询服务,包括馆藏查询、读者借阅信息查询、新书通报、预约通知、催还通知、续借等,实现了图书馆 OPAC 到移动平台上的完整迁移。

　　(2) 一站式检索服务,通过提供文献资源的一站式检索服务,使读者能够使用移动终端访问到图书馆所购买的各类电子资源,拓展了电子资源的访问模式。

　　(3) 全文阅读服务,通过提供图片、文本等手机全文阅读方式,方便读者随时随地浏览图书馆资源,提升了读者手机阅读的便利性。

　　(4) 文献传递服务,读者检索到图书、期刊等资源,可以进行传递和

061

分享。

（5）信息推送服务，为读者提供图书馆新闻、资源动态、学术讲座、馆藏书目和座位预约等信息，提高了宣传的便利性和广泛性。

2.3　第三代移动图书馆

第一和第二代移动图书馆作为起步，实现图书馆移动服务从无到有的建立，更多地借鉴了基于互联网的数字图书馆应用的资源和服务模式，基本上是一种迁移和复制的过程。在前期的移动图书馆发展中，TWIMS提供的服务解决了读者利用手机使用原有数字图书馆功能的需要，但随着移动应用环境智能化的发展，平台上的服务功能和内容显得不够充分，无法满足读者多样化的深度信息需求，移动图书馆的发展也进入第三个阶段。

第三代移动图书馆是正在探索中的移动图书馆模式，大量手机特有的属性被纳入到移动图书馆的用户信息环境中，是真正意义上的移动图书馆。当然，也由于手机等移动设备发展迅速，使得第三代移动图书馆尚未定型。在这一阶段，人们更加注重用户的交互作用，大部分的手机网民都已经换上了智能手机，传统的浏览器访问已经无法满足用户需求，基于IOS、Android等系统客户端应用愈发流行。TWIMS依托北京书生公司、学生开发团队等多方力量，实现适用于手机、平板电脑的多种客户端应用，如图4所示。客户端应用的操作方式更符合移动用户的现有应用习惯，其界面实现了可定制化用户视图的设计理念，从根本上提升用户体验。而"机器人小图"客户端应用的实现，充分利用了移动设备的随身性，使广大师生随时随地地使用在线的人工智能虚拟参考咨询服务成为了可能。

第三代移动图书馆重在提供原有Web端数字图书馆中不存在的应用类型，智能手机的一些特有功能（如二维码、定位、地图等）被不同程度地应用到移动图书馆的某些功能中，成为新一代移动图书馆的亮点。其中，二维码作为连接物理世界和虚拟世界的桥梁，已经被图书馆引入图书馆展览、书目信息推送、迎新导引等多个场景。读者利用智能手机的安装软件和拍照等特性，轻松扫码即可迅速完成信息输入和获取更多内容。像本馆，根据新生调研显示：新生智能化移动设备的持有比例已经超过70%。结合这种发展变化，本馆开展自助式迎新参观活动。新生按照参观路线指示进行参观，开始"图书馆发现之旅"。在专门制作的路线标识图上提供二维码,新生通过智能手机识别它们,即可迅速获取适用于手机显示的楼层平面地图。依据平面地图,读者能够及时确认自己当前所处的位置,了解该楼层的馆舍分布,认识图书馆,找到所需的资源、环境或者设施。这种二维码的植入带动了读者与图书馆的互动,增加了活动的趣味性,其产生的应用体验也是智能化移动图书馆所特有的。

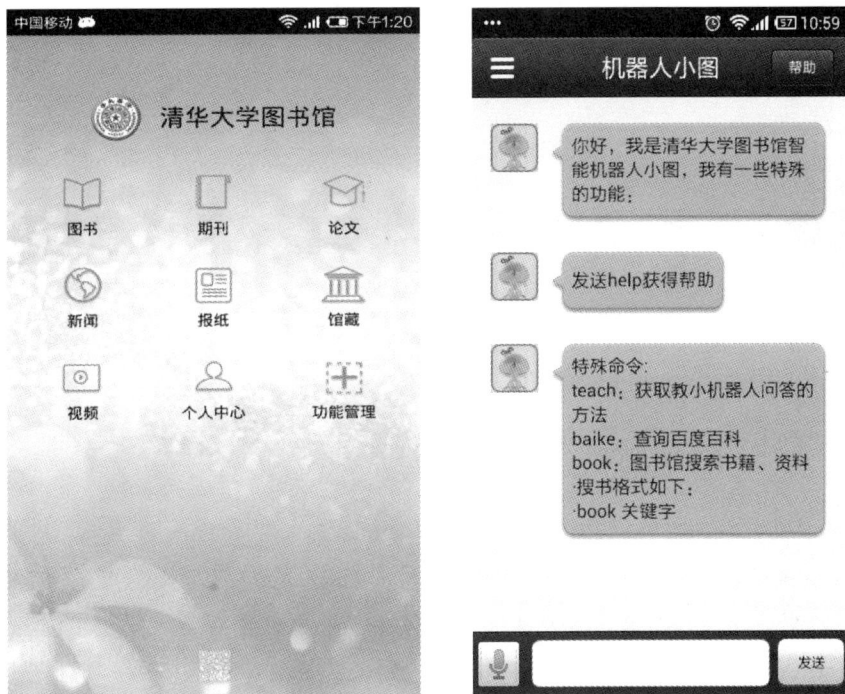

(a) Android客户端   (b) 聊天机器人客户端

图4 TWIMS 客户端应用示意图

而关于地图和定位。本馆基于 OPAC 对地图应用进行了有益的尝试。通过调用 Google Maps API,实现馆藏架位详图功能。移动用户通过 TWIMS 进行 OPAC 查询,找到馆藏后,可以定位到具体楼层及详细架位,如图5所示。当然,由于移动设备的广泛使用,对使用者的精确定位技术也越来越成熟,例如用于室内的 Wi-Fi 定位等,这就要求图书馆提供与之匹配的、更加精准的地图服务,在更小的粒度里给使用者做出引导或者其他服务,比如基于位置的推送等。TWIMS 也在不断顺应着发展变化,相关研发正在探索中。

063

图5　TWIMS 架位详图示意图

3　TWIMS 的特点

3.1　移动互联网与传统互联网的服务融合

TWIMS 较早实现了与图书馆 OPAC 系统的成功对接,将图书借阅、流通通知等传统的图书馆服务迁移至手机,以 WAP、短信等方式呈现给读者,成为 OPAC 的延伸平台。即使智能手机尚未普及,TWIMS 也积极利用图书馆已有的电子资源整合平台及其接口,通过 WAP 网站完成移动互联网环境下异构电子资源的定制检索,并将检索行为和检索结果与用户在传统互联网下的使用环境关联,达到信息资源在不同的信息传播环境下的共享和应用的融合[5]。

伴随智能终端设备普及率的迅速增长,移动互联网与传统互联网呈现"无缝"结合的态势,TWIMS 提供更切合智能化发展的功能和内容。移动服务不再只是碎片化时间的消耗,TWIMS 支持原版、文本流等方式查看数字化资源的全文,满足读者基于移动设备进行与学术研究相关的深层次阅读。而引入像"读览天下"等支持移动阅读的数字杂志平台,丰富的不仅是读者的阅读资源,还有应用体验。当然,像研读间预约、座位管理等传统的图书馆服务系统,在研发时也同步考虑配套移动版本,使得读者能够在不同应用环境上共享操作行为。

3.2　在学科知识服务中积极发挥作用

学科建设是构筑高等学校核心竞争能力的核心环节,图书馆作为学校的文献信息中心,一直承担着辅助学校开展学科建设的关键角色。学科知识门户、学术查新服务、在线信息咨询等早已成为高校图书馆日常的学科知识服务方式。而随着移动图书馆的深入发展,手机等移动终端设备也开始成为学科知识服务的重要平台。新书上架、期刊导航等系统陆续迁至TWIMS,读者可以无障碍地基于移动终端设备使用这些功能,而相关知识信息也最大限度地得以传递。

TWIMS在提供学科知识服务的方式上也积极尝试。例如:电子期刊的最新目次具有重要的信息参考价值。TWIMS以受读者关注度高的期刊RSS为数据来源,不仅采用HTML5技术实现了兼容各种平台使用的电子期刊RSS订阅服务,方便读者根据专业需求灵活订阅;同时,还基于彩信方式,进行电子期刊最新目次信息的主动推送,以此帮助读者及时获知最新的学术信息,从而把握相关学科的发展动向[6]。

3.3　始终贴合读者的应用习惯

移动设备日趋智能,读者的应用需求随之变化,馆藏检索、文献阅读、座位预订等越来越多的事情都可以通过TWIMS来完成。为了让读者及时获知图书馆信息,TWIMS实现了短信、彩信服务;考虑到智能手机成为读者的常用工具,客户端应用和基于二维码的移动服务陆续上线。可以说,TWIMS提供的功能和服务形式日益丰富,而它的进步始终与手机等移动终端设备的发展同步,与移动设备在广大师生中的普及程度同步。

今天的读者不再只是活跃在图书馆,社交网络(微博、微信等)成为读者常用的平台。而移动图书馆的出现,突破了图书馆地域与空间局限,使随时随地提供图书馆服务成为了可能。以微信为例,本馆开通"清华大学图书馆"(Thu-lib)微信公众号,定期发布清图微报,并通过微信接口将图书馆FAQ、馆藏查询等服务嵌入微信应用。这样,读者在社交网络环境里可以方便地利用图书馆;图书馆也可以轻松融入读者群,更加便捷地传播图书馆的信息和资源。

4　结语

TWIMS经过几年的发展,颇具规模,也深受本校读者欢迎。截至2013

年年底,注册使用图书馆短信服务用户近 3 万人;各类短信累计发送量超过 260 万次;网站和客户端的总访问量 306 万人次;微信互动近 1 万余次。

总体来看,移动图书馆提供随时、随地、随身的图书馆访问和服务,拓宽了图书馆服务的时空范围,延伸了图书馆服务的深度和广度,提升了图书馆的服务效率和服务能力。

伴随云计算等技术的出现,以及智能化移动终端的不断发展,未来移动技术将驱动图书馆服务创新发展,图书馆面临更大的机遇和挑战。

参考文献

1　WANT P. The history and development of mobile libraries［J］. Library Management, 1990,11(2)

2　张蓓. 清华 TWIMS［EB/OL］.［2014 - 05 - 15］. http://wenku. baidu. com/view/26327d27dd36a32d73758191. html

3　张成昱. 让"移动"动起来［EB/OL］.［2014 - 05 - 15］. http://wenku. baidu. com/view/11558dd576a20029bd642dde. html

4　维基百科. 无线应用协议［EB/OL］.［2014 - 05 - 10］. http://zh. wikipedia. org/wiki/无线应用协议

5　窦天芳,张成昱,张蓓,等. 移动互联网与传统互联网的服务融合——以清华大学图书馆 WAP 网站建设为例［J］. 图书情报工作,2011(9)

6　张蓓,窦天芳,张成昱,等. 基于学科知识的高校图书馆移动服务拓展探索［J］. 知识管理论坛,2014(3)

上海图书馆"创·新空间"的构思与成效

林　琳　唐良铁　周德明

The Conception and Achievements of the "Creation · New Space" in Shanghai Library

Lin Lin　Tang Liangtie　Zhou Deming

摘要：本文以上海图书馆空间再造的一个实例"创·新空间"建设为基础,论述了在转型过程中城市图书馆的空间再造要引进新理念,找到合适的切入点,增强空间的互动性和体验性,通过引入社会专家提高服务能力与优势,为专业人士提供"一站式"的专业服务,同时兼顾公众服务,培养市民创新素质,在实践中找到图书馆可持续发展的路径。

关键词：图书馆,空间再造,新空间,转型发展

Abstract：Based on the construction of "Creation · New Space" as the example of space reconstruction in Shanghai Library,this paper discusses that during transition, city libraries should reconstruct space by introducing new concept, finding out the appropriate breakthrough point, enhancing the interactivity and experience of the space. Meanwhile, it proposes that libraries should attempt to find a path of sustainable development through practice via introducing social experts to improve their service and advantage, providing one-stop service for professionals and public services to all library users.

Keywords：library, space reconstruction, new space,transition and development

1　"创·新空间"的改造背景

1.1　全球信息化技术的发展,使图书馆传统服务受到挑战

近十年来,随着网络、数字技术的飞速发展,信息获取方法和渠道不断多元化,从纸质文献查阅到存储介质读取,再到 PC、电子书、平板电脑、智能手机等。人们可以随时随地进行信息搜索、发布和共享,而不必再过分依赖某个特定场所或载体,原本借助公共图书馆获取信息资源的不少读者已转向网络。"图书终结场景——公共图书馆的转型发展"（*The Bookends Scenarios—Alternative Futures for the Public Library*）报告中预测,至 2030 年,85% 的图书馆将是虚拟的,原先的物理图书馆仅作存书之用[1]。不少图书馆到馆读者数明显或有所下降也许已经警示我们必须对图书馆空间进行再造,并且创新服务方式。

1.2　图书馆的基本社会职能,要求图书馆必须顺势而为创新转型

《公共图书馆宣言》指出:公共图书馆是地区的信

林琳,上海图书馆读者服务中心阅览部主任,馆员。Email：llin@ libnet. sh. cn

唐良铁,上海图书馆读者服务中心阅览部副主任,馆员。

周德明,上海图书馆副馆长,上海科学技术情报研究所副所长,研究员。

息中心,它向用户提供各种知识和信息。新媒体的出现、新技术的应用,并没有改变公共图书馆的社会职责,只是要实现这一职责,我们要完成一些新任务,应该借力开辟出一片新的服务天地。其实,早在 2009 年国际图联卫星会就提出了"作为场所与空间的图书馆",讨论了新时期图书馆功能定位的问题[2]。为此,上海图书馆在 2010 年 10 月率先打造了"新阅读体验中心",首次将"新技术""用户体验""用户测评"等概念引入图书馆服务,力求与全球数字出版和数字阅读发展的形势相适应。在"新阅读体验中心"运作的三年多时间内,移动终端外借数量与到馆借阅读者人次均呈几何级增长趋势或许便是顺应形势发展的结果。

　　1.3　上海着力打造文化创意产业的政策环境,为上海图书馆新时期的探索发展打开了新思路

　　2011 年,戴尔·多尔蒂(Dale Dougherty)将 makerspace. com 注册为 *MAKE* 杂志网址之后,"创客空间"(makerspace)一词开始流行[3]。在国内,自从 2010 年中国第一个创客空间"新车间"落户上海后,上海陆续出现了 DFRobot、蘑菇云等大大小小各类创客空间。随后这几年,很多图书馆开始尝试引入创客概念。譬如纽约费耶特维尔公共图书馆(Fayetteville Free Library,FFL)是第一家设立创客空间"FFL Fab Lab"的公共图书馆[4],赫尔辛基市第 10 区图书馆(Library 10)、韦斯特波特图书馆(The Westport Library)创客空间等也是谋求突破的案例。这些图书馆服务都是试图从公益角度推进社会创新、搭建再教育社交网络。2011 年,上海市政府通报了《上海市文化创意产业发展"十二五"规划》,明确要"建成一批主题突出、特色鲜明、功能完善的文化创意产业集聚区和公共服务平台,成为联合国创意城市网络的重要节点",并将"上海文化创意产业信息中心"设在上海图书馆。这一政策推动,为上海图书馆打造"创·新空间"提供了有利契机。此后在上海市委宣传部、上海市文化创意产业推进领导小组办公室的关心、指导下,全新的概念阅览室"创·新空间"正式亮相上海图书馆。开放的短短一年时间里,"创·新空间"共接待读者 48 000 余人次,开展各类活动约 180 场,活动参与者 8000 余人次,接待团体参观超过 2500 人次。通过空间再造与创新转型,我们惊喜地看到,2013 年到阅览室的读者人次较 2012 年增长了 4.83%。

2　"创·新空间"的设计理念

2013年5月,"创·新空间"以一种全新的服务模式正式对外开放。该空间以"激活创意、知识交流"为主旨,以各类创新型活动项目为载体,以馆藏文献、数字技术、创新工具为支撑,营造一个真正的复合型学习空间。人们在这里不仅可以得到文化的享受,还可以得到先进技术的体验,甚至可以得到创作的灵感。

2.1　锁定目标人群

创客空间(makerspace)指的是具有相同兴趣爱好的人们聚集一堂,通过电脑、技术、科学、电子艺术等手段,进行交流合作,共同设计制作,分享创意的场所[5]。结合上海文化创意产业发展整体概况,我们调查并了解了上海创客团队现状,参考了国外图书馆关于创客空间的服务对象,通过与有关政府部门、高等院校、各大创意园区反复沟通,最终将"创·新空间"的主要目标人群设定为各类创客、极客、新锐设计师及其他专业设计工作者,兼顾设计爱好者和普通读者。一方面,让专业设计者在全新的空间中寻找创作灵感、交流设计心得、展现设计作品;另一方面让普通市民能够参与到新产品的创作过程中,参与到新技术的体验中,甚至有机会与设计师面对面学习、交流。

2.2　设计空间规划

创意产业具有极强的不确定性,其最大特点在于不断突破原有模式或观念,强调推陈出新。基于这一特点,在空间规划上,我们强调开放性、灵活性和实用性相结合。整体布局共分为四部分:阅览空间、全媒体互动空间、展示空间以及培训交流空间。阅览空间强调文献整合利用;全媒体互动空间突出交流与体验;展示空间旨在表现作品张力;培训交流空间意在激发头脑风暴。四个空间功能通过不同的主题元素,实现虚实互补、动静有别,既保持空间独立性又体现交融性。

2.3　定义服务内涵

在空间改造的同时,我们一直在不断研究并探讨新空间的服务主旨及功能。我们希望空间再造能够切实符合上海图书馆在新时期新发展的需要,也希望能够为上海图书馆二期工程进行一些有效探索。通过召开座谈会、走访各设计中心、发放调查问卷,并充分调研上海图书馆馆藏文献特色,历经一年多的反复论证,我们提出了"创新""交互"等概念互为支撑,并将新的空间定义为"创‧新空间"。这一命名体现了以下服务内涵:首先,它是上海文化创意产业发展的产物,是"上海文化创意产业信息中心"的实体;其次,它体现了上海图书馆原有的为中小企业(包括创意产业、自主设计师品牌创建)服务平台"创之源"的延续;再次,它表明了上海图书馆在新时期创新转型中的一些探索和尝试,希望通过展示新理念、新产品、新技术,培育民众创新能力,激发城市的创造力。

2.4　寻找特色亮点

《公共图书馆宣言》中指出:图书馆应该提供个人创造力发展的机会,激发想象力和创造力。当社会对图书馆的需求从"信息获取"变为"知识交流"时,图书馆应当调整服务格局、增加服务项目,这些举措是为了拓展延伸而不是否定自己原有的社会职能。"创‧新空间"从开放伊始就坚持特有的服务宗旨,在后期实践中寻找特色、寻找亮点,并始终坚持可持续发展理念。"引入工具"就是"创‧新空间"特色服务的突破口。我们首先配备设计类软件、数字创意台、"电子沙盘"、声学视听椅等辅助工具,让读者体验多媒体技术在生活中的应用。我们还引入 3D 打印、三维扫描设备,以及围绕 3D 打印开展了诸如"人人都是设计师""Thinkercad 三维建模""小小创客"机器人制作等一系列活动,让普通人有机会通过 3D 打印将自己的创意变为成品。此后,我们又针对可穿戴设备这一热门新兴技术及其产品,引进了谷歌眼镜,以专家坐堂、体验试戴等形式,将平时印刷在广告、杂志上的高科技产品真正有机会呈现在普通老百姓面前。后续我们还会陆续推进"工具"的引入,我们希望在普及科学知识、引领新颖技术、介绍创新产品方面发挥公共图书馆的社会职能。

3　"创‧新空间"的成效暨思考

3.1　空间再造是真正"一站式"服务理念的体现

传统图书馆的空间布局主要以文献载体结合大学科分类,或以语种来规划,例如上海图书馆开设的"中文社科图书阅览室"、"中文报纸阅览室"。随后我们虽然也适时推出一些主题阅览室,如"经济、法律阅览室""世博信息阅览室"等,但这些空间改造仅仅只是将纸质文献、电子资源进行了简单的物理格局上的组合。而此次"创‧新空间"的再造,是资源的高度集中,真正实现"一站式"服务的理念。主要表现在:不但提供多语种多载体跨学科的文献借阅,还集中了文化创意产业各行业报告,提供 WGSN、Berg Fashion Library 等专题数据库;购置制图设备并安装 Tinkercad、CorelDraw 等设计软件;利用多媒体触屏适时发布诸如 2015 年时装设计趋势报告等图文信息;提供自助扫描、打印等外设;引入 Pad + 数字图书馆互动服务终端,配置专业会议用投影、音响设备等。"创·新空间"彻底打破资源的载体限制,融入先进移动技术应用,通过讲座、沙龙、多媒体教学、作品成型、成品展现等方式将图书馆提供的平面化信息立体化、感性化、多元化,真正服务于产学研。截至 2014 年 7 月,已有来自浙大、华理、东华、同济等大学的师生或企业在此打印 3D 作品。可见,这种整合不仅为专业人士提供了"一站式"服务,还为普通读者了解专业信息提供了便利。从图书馆自身而言,馆员在这样的空间中亦可全方位了解用户需求,间接了解行业发展动态,能够更有效开展深层参考咨询与定题研究,对图书馆进一步改进资源采访、空间布局、服务举措等具有实质意义。

3.2　空间再造是"专家—馆员—读者"多元交互模式的尝试

传统阅览室管理模式是馆员与读者的单线联系,"创·新空间"作为创新交流平台(Library as Platform,Library as Conversation)[6],更多的是希望实现馆员与专家、读者与专家、读者与读者,甚至专家与专家的多向交流(见图 1)。众所周知,文化创意产业涉及的范围极为广泛,且各国提出的分类标准均有不同,这就意味着"创·新空间"的服务多样化、专业化程度要求相对较高。因此,"创·新空间"成立后,我们就主动邀请知名创客空间新车间、设计创意学院同济大学中芬中心、上海设计中心、上海市动漫行业协会、美田艺术工作室等多家机构和专家共同为"创·新空间"的服务出谋划策。一年多来,我们的业务骨干协同馆外专家收集了大量文创方面的专家信息,建立专家人才库;同时,我们的各项活动也通过这些社会力量在相应的社交圈内进行了宣传与推广,并凝聚了一定影响力。在读者服务方面,我们更加注重开展"专家坐堂""现场教授""互动教学"等形式的活动。通过这类参与性高、互动性强、交流面广的活动,我们让专家走近读者,让服务贴近读者,从而加深社会各界与图书馆的黏合度。不论是专家还是读者,对图书馆而言都是有效的社会群体。引入社会群体参与"创·新空间"的服务,一方面弥补了图书馆在文创领域的专业局限性,另一方面也是对图书馆未来社会经营管理模式的有效探索。

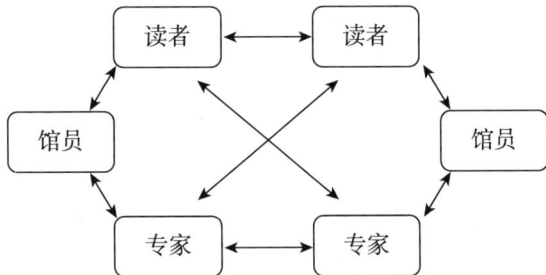

图 1　读者、馆员及专家之间的关系图

3.3　空间再造是最大限度开发图书馆资源的重要举措

一直以来，谈到图书馆大多数人首先想到的还是书[7]，但其实图书馆的资源至少包括文献、人与空间三要素，它们互有影响，交相联动。20 世纪 90 年代，北美高校图书馆开始兴起尝试建立"信息共享空间"（Information Commons）以满足全球信息化大背景下，用户对空间、资源和服务的一站式需求。而后，IC 空间理念又衍生出"学习空间"（Learning Commons）、"知识空间"（Knowledge Commons）、"研究空间"（Research Commons）等不同形式[8]。但无论其如何称呼，实践都表明，"图书馆作为空间和场所"（Library as Space and Place）的理念在图书馆界始终备受关注。上海图书馆从 2009 年开始尝试打造"信息共享空间"（IC），这是图书馆空间再造、社交平台搭建的雏形。推出两年内，IC 空间平均每个月接受 16 个团体预约，使用量达 3000 余人次。从当初简单的讨论室模式的 IC 空间，到如今资源高度整合、互动性强、体验性强的"创·新空间"（IN），我们认为，"空间再造"恰恰应当是图书馆资源三要素的全面再造，意在最大限度开发图书馆资源，真正为读者提供一个更富含知识、更充满人性、更赋予自由的信息环境。

3.4　空间再造同时也是新时期图书馆员的"职业再造"

任何一次转型与蜕变都不是针对某个单一环节的，一定是一个系统性的过程。图书馆所面临的挑战其实也是图书馆员对职业规划、职业定位的一次重新思考。社会获取信息、学习知识的方式已经发生了明显的变化，馆员应当要转变观念，调整服务方式，提升服务技能。"创·新空间"开放前，对岗位人员配备进行了充分讨论和选拔，最终经过推荐、笔试、面试等层层筛选，打造了一支老中青相结合，专业学科馆员领衔的服务团队。依

"创·新空间"的探索实践而言,有以下三点感受:其一,重视青年员工的培养。80、90 后员工是伴随着互联网的产生、发展而成长的,他们对数字化、网络化作业有着天然的亲近感。并且,年轻人天性对新鲜事物、流行趋势的敏感度、接受度较高,学习能力强,应用上手快,应该把他们投放在数字资源建设与探索全新服务的第一线。其二,打造不同专业背景的交叉研究团队。以"创·新空间"为例,由于文化创意产业自身具有高知识性、高附加值、强融合性的特点,因此图书馆除了要提供传统文献借阅、咨询外,还可能涉及各类专利查新、多媒体加工、产品征集、会展广告策划等诸多增值服务,专业化程度比较高。"创·新空间"目前配备的馆员,有从事专利标准检索工作 30 余年的老员工,有具备材料学、社会学、环保、模型、广告、动漫、信息技术等专业背景的年轻员工,每位员工至少掌握两门以上外语。这些馆员除了在阵地上开展业务咨询外,还需要保持与研究领域内的行业、产业、企业、设计师充分沟通,跟踪发展动态,实时发布行业信息,收集产品及非正式出版物,举办专业讲座、沙龙,共同致力于将图书馆打造成知识聚集区。其三,重视技术支撑型员工的一线服务。通常,在图书馆中属于技术支撑型的员工大多在"后台"工作。当越来越多的新技术、新产品、新工具等引进图书馆时,越来越多的咨询、操作需要在"前台"即时完成。因此,技术支撑型员工应该从"后台"移至"前台",提高图书馆服务的水平和效率。

在多元文化交汇、互联网技术快速发展的时代,城市图书馆应当从观念上有所突破。对图书馆空间的再造,引入创新理念,增添服务内容,革新服务方式是积极应对冲击的有效手段。通过实践数据分析,我们发现在"创·新空间"及其他全新服务的推动下,图书馆拥有了新的活力,到馆利用互联网和数字资源的人数明显增多,其中使用移动应用 APP 的读者数涨幅最为明显。由此,我们相信,实体图书馆要可持续发展,必须与一个城市经济、文化发展相适应,满足市民对知识学习、信息获取、沟通交流、合作展示等不断多样化的需求。

073

参考文献

1　The Bookends Scenarios:Alternative Futures for the Public Library [EB/OL]. [2014 - 11 - 11]. http://www.sl.nsw.gov.au/services/public_libraries/docs/bookendsscenarios.pdf

2　World Library and Information Congress：75th IFLA General Conference and Assembly［EB/OL］.［2014 – 11 – 11］. http://conference. ifla. org/past-wlic/2009/satellite-en. htm

3　GUICAVALCANTI. Is it a Hackerspace, Makerspace, TechShop, or FabLab?［EB/OL］.［2014 – 11 – 11］. http://makezine. com/2013/05/22/the-difference-between-hackerspaces-makerspaces-techshops-and-fablabs/

4　MCCUE T J. First Public Library to Create a Maker Space.［EB/OL］.［2014 – 11 – 11］. http://www. forbes. com/sites/tjmccue/2011/11/15/first-public-library-to-create-a-maker-space/

5　Hackerspace［EB/OL］.［2014 – 11 – 11］. http://en. wikipedia. org/wiki/Hackerspace

6　GOLDENSON J. Making Room for Innovation. Library Journal［EB/OL］.［2014 – 11 – 11］. http://lj. libraryjournal. com/2013/05/future-of-libraries/making-room-for-innovation/

7　OCLC. Perceptions of Libraries,2010：Context and Community［EB/OL］.［2014 – 11 – 11］. https://www. oclc. org/en-US/reports/2010perceptions. html

8　MCMULLEN S. US academic libraries：today's learning commons model［EB/OL］.［2014 – 11 – 11］. http://www. oecd. org/dataoecd/24/56/40051347. pdf

移动技术推动下城市图书馆发展

叶艳鸣

Mobile Technology to Promote the Development of City Library

Ye Yanming

摘要：城市图书馆肩负着为智慧城市、学习型城市和学习型社会建设提供文化服务的重任，承载着文化大发展的历史使命。利用现代移动技术的优势，建立适合广大市民方便使用的城市移动图书馆服务体系，必将极大地推动图书馆普遍服务的开展，从而为构建不受时空限制、无处不在、无时不在的"人人皆学、处处能学、时时可学"全民学习环境开辟一种新的服务领域。

关键词：公共图书馆，城市，移动图书馆，移动阅读

Abstract：The city library has the responsibility for the wisdom city, learning city and learning society construction to provide cultural services, and bearing the historical mission to promote cultural development. The use of modern mobile technology, establish the system of services for the general public to facilitate the use of city mobile library, will greatly promote the city library of universal service. This will open up a new service field of national learning of "everyone to learn, anywhere to learn, anytime to learn".

Keywords：city, public library, mobile library, mobile reading

在以数字化、网络化为主要特征的信息化时代，技术进步在很大程度上成为图书馆提高工作效率、推动资源快速增长、增强图书馆综合实力、提升图书馆事业发展水平最重要的推动力。

20 世纪 80 年代，计算机的广泛应用把图书馆从传统手工劳动带入以计算机集成管理系统应用为核心的自动化管理时代；到了 90 年代，随着互联网、数字化技术的迅猛发展，图书馆又从传统纸质文献为主体，以馆舍为主要环境的实体图书馆发展到以数字化、网络化为主要特征的数字图书馆时代。近年来，伴随着 3G、智能移动终端设备、大数据、云计算技术的快速发展，公共图书馆的建设和发展取得了巨大的进步，尤其是移动技术在图书馆的成功应用，以移动图书馆服务推动的全民移动阅读，极大地提升和改善了城市图书馆的建设和服务水平，为实现城市图书馆普遍服务、平等服务的公共图书馆理念开辟了一条新的道路。

1　移动技术发展对城市阅读的作用与影响

2014 年中国互联网协会和中国互联网络信息中心在北京发布的《中国互联网发展报告（2014）》指出："中国手机网民数量已超过 5 亿，增速远高于整体网民的增速。"[1] 网民的行为正逐渐从办公桌向移动

叶艳鸣，北京超星集团副总经理，研究馆员。Email：yanming@ chaoxing. com

端转移,移动互联网正在以不同于传统媒介的独有形态,改变着公众阅读行为和阅读方式。从统计数据分析可以看到,2013年是中国移动互联网突飞猛进快速发展的一年,绝大多数的传统互联网业务都提供了移动端的服务,固定终端网络用户的信息习惯正在日益移动化。

在这样的背景下,随着智能终端的普及,一个全新的移动阅读时代正在来临。早在20世纪90年代中期,人们就开始以"手机图书馆"的概念探讨移动服务的应用[2-3]。在城市,人们获取信息的渠道正在从电脑转向手机,从关注海量的信息,到重新关注内容的个性化,这必然会给图书馆服务方式带来新的机遇和挑战。无论是城市图书馆社会功能需要,还是移动互联网以及移动阅读的自身独特优势,以移动图书馆为载体的移动阅读服务都将对城市图书馆更广泛、更便捷地为市民提供信息服务以及全民阅读和学习型社会建设带来巨大的推动作用[4-5]。

2　移动图书馆在城市图书馆得到广泛应用

从公共图书馆的社会职能来看,利用丰富馆藏资源为每一位读者提供免费公益服务是其最为基本的社会职责。"人人享有平等利用图书馆的权利,人人享有自由利用图书馆的权利,免费服务是平等利用和自由利用图书馆的基本保障"已成为图书馆精神不可分割的三个组成部分[6]。受图书馆物理空间有限、开放时间有限和馆藏资源有限的客观条件限制,传统图书馆服务的广泛性、普遍性和即时性受到很大局限。

近年来,随着3G乃至4G通信技术的快速发展和智能手机、平板电脑等智能移动终端设备的日益普及,图书馆界对移动图书馆建设的理论、方法、技术、平台和应用进行了大量的研究和实践[7-10]。根据统计分析,2013年关于移动图书馆方面的研究成果比2010年增长了一倍(如图1所示)。移动图书馆的广泛应用为图书馆探索移动互联网环境下的服务创新提供了强大保障。

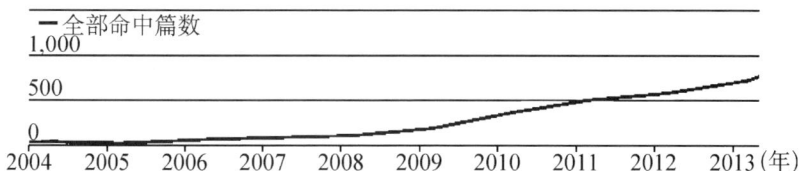

图1　2004—2013年我国移动图书馆研究发展趋势

移动技术推动下城市图书馆发展

　　同时,国内信息技术服务商陆续推出了移动图书馆应用系统,我国各类图书馆也开始了大规模地建立进而开展移动图书馆服务。2013 年开通移动图书馆系统的图书馆数量急剧增加。据不完全统计,全国应用最广的超星移动图书馆试用图书馆已达 1100 家以上,正式开展移动图书馆服务的图书馆已超过 800 家,注册读者近 100 万人(如图 3 所示),其中近一半的应用是在以城市图书馆为主体的公共图书馆推广的。

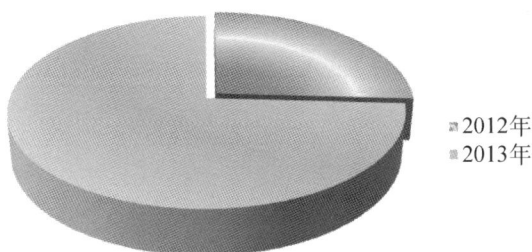

图 2　2012 年—2013 年开展移动图书馆服务的高校数量快速增加

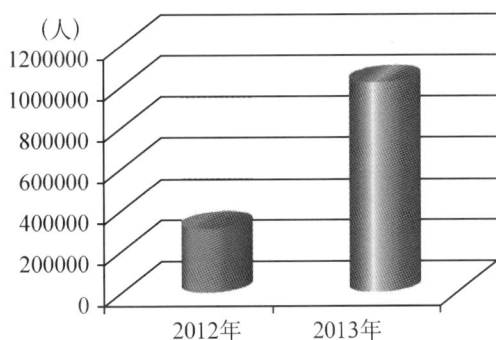

图 3　2013 年移动图书馆注册人数急剧增加

　　新型移动图书馆系统在过去主要利用手机解决纸质馆藏检索、到期短信提醒、预约、续借等手机图书馆业务的基础上,以移动无线通讯网络为支撑,以图书馆集成管理系统平台和基于元数据的信息资源整合为基础,以适应移动终端一站式信息搜索应用为核心,以云共享服务为保障,通过手机、iPad 等手持移动终端设备,为城市图书馆的服务创新提供了强大而时尚的舞台。

077

　　这种以个人应用终端为载体的服务特别适合城市图书馆对广大市民的普遍服务。读者利用个人手机就可以很方便地随时利用手机、平板电脑等智能终端设备下载移动图书馆客户端,快速实现馆藏查询、个人借书预约续借、学术资源搜索及在线浏览或下载阅读、通知公告浏览,以及大量高品质 RSS 开放资源的即时访问等自助服务,受到了读者的热烈欢迎和应用,图 4 是百度统计反映的超星移动图书馆系统某天的用户操作情况。2013 年移动图书馆用户登录访问量已逼近 1 亿人次大关(如图 5 所示)。

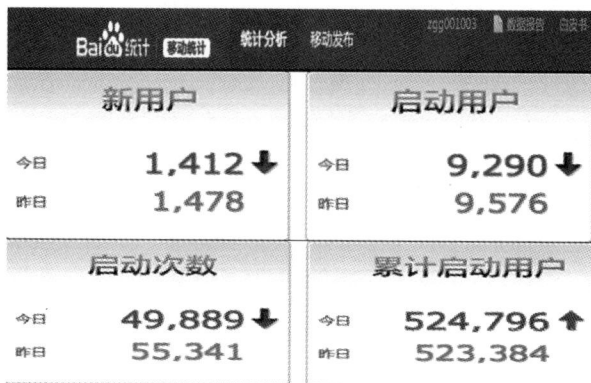

图 4　超星移动图书馆系统一天的用户操作情况(百度统计)

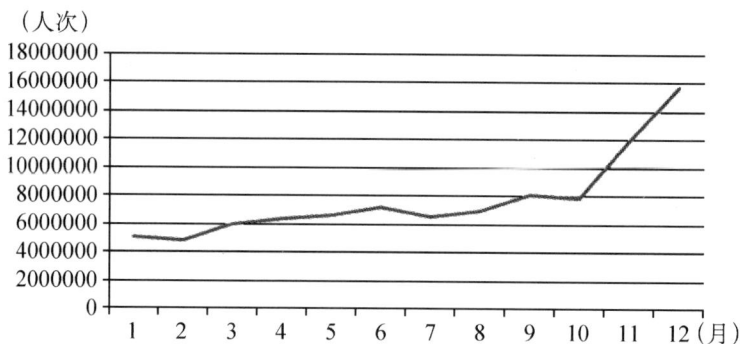

图 5　2013 年移动图书馆用户登录访问量已逼近 1 亿人次大关

3　智慧型 24 小时新型电子书借阅系统为市民移动阅读创造了条件

近几年,一种纸质图书自助借还机在图书馆受到热烈追捧(图 6)。这种设备与街边的自动售货机外形相同,长 4 米,宽 2 米,高 2 米,占地 10 平方米左右,可容纳 500—1000 本图书。在图书馆大厅、校园学生公寓前乃至城市街道旁,读者可透过玻璃看到每本图书的书名和编号,在机器上扫描借阅证后,按下借书钮输入相应的图书编号,就能借走所需书籍。还书时,扫描借阅证,点还书按钮,将图书放进还书口就可归还书籍。该设备可以24小时无人值守开放,从而实现了读者24小时自助借还图书馆藏书的服务。

图6　基于RFID技术的图书馆自助借书机

　　图书自助借还机在给读者带来方便的同时,也带来的管理和维护的诸多问题。借还机容量十分有限,难以满足大规模借书需要,需要人工定期对机内图书进行更换,借出图书破损严重,设备昂贵,难以普及,且部署安装需要协调网络、电力、市政或校园管理等多个部门。因此,这种服务形式的推广存在相当的局限性。

　　2013年,我国出现了第一款基于无线网络和移动智能终端设备应用的歌德电子书借阅机。这种新型的借阅系统外形酷似ATM机。这台机器除了一个LED大屏外没有任何按钮,所有操作都通过手动触摸完成。该系统通过先进的数字技术可以将取得出版社独立授权的最新和实用的数千本电子图书内置于借阅机,每个月还将可远程随时批量全部更新或部分更新,内容涵盖健康生活、文学名著、少儿教育、小说传记、社会法律、经管励志、文化艺术、科学技术、文学艺术、历史地理、哲学宗教等适合读者借阅的各个领域的电子图书。读者第一次使用时,只需安装借阅机上显示的借阅客户端,就可扫描在借阅机电子书架上展示的任何一本书封面上的二维码,正版的电子书就会即时免费下载到读者的手机或平板电脑上,读者可以随时随地、自由方便地阅读。图7是该系统外形及展开的电子书显示和使用界面。

移动技术推动下城市图书馆发展

079

图 7　歌德电子书借阅机

用手机扫一扫,就可以把书带走阅读的全新"借书"理念和时尚、方便和快捷的 24 小时全天候电子书借阅方式一经出现,立即引起了全国图书馆界的浓厚兴趣和高度关注。据不完全统计,该借阅系统刚刚面世几个月,全国就有近 150 多家高校和公共图书馆部署了该系统,受到了公共媒体和广大读者的高度称赞和热捧。

4　文化共享服务新载体——城市文化通建设理念与实践

2011 年,《中共中央关于深化文化体制改革推动社会主义文化大发展大繁荣若干重大问题的决定》颁布,特别是党的十八大以来,我国公共文化服务体系建设取得了显著成效,人民群众文化权益的保障受到前所未有的关注。各级政府不断加大对公共文化建设的投入力度,公共文化服务体系建设已经进入到一个高速发展的阶段,公共文化服务水平不断提高。承载文化传播和文化服务历史使命的图书馆、文化馆、博物馆、文化站是公众获取文化服务的主要场所,这些文化部门一方面拥有丰富的文化信息资源,另一方面,他们又是相对封闭和局限地在自己的服务范围只提供本单位的服务内容。而公众的文化需求是非常广泛而又非专业性质的,很多时候,他们并不能准确知道所需要的文化服务该找什么机构,哪些渠道可以利用。在他们面前,一个个孤立的文化服务系统成了信息孤岛,知道的人不多,社会影响也很有限。

受图书馆领域解决信息孤岛现象的数据整合和一站式服务思想的影响,基于大数据条件下的计算机网络、移动终端和移动互联网技术,有效解决文化单位资源统一整合,打造面向市民的一站式文化信息服务统一平台就具有重要的现实意义和实用价值。在这个背景下,文化通的概念应运而生。

　　文化通是以网络通讯为支撑,以图书馆、博物馆以及展览馆等文化单位集成管理系统平台和基于元数据的信息资源整合为基础,以适应 PC 和移动终端一站式信息搜索应用为核心,以云共享服务为保障,通过手机、iPad 等手持移动终端设备,为市民提供搜索和阅读数字信息资源,自助查询和完成图书的借阅,查询和订阅以及推送最新文化资讯和活动信息等业务,满足任何人,在任何时间、任何地点获取所需要的任何知识的信息服务平台。文化通实现了信息技术环境下公益性、基本性、均等性、便利性的公共文化普遍服务。

　　文化通的核心理念是实现用户对所有文化信息的普遍访问,其实质就是突破传统图书馆、博物馆及展览馆等文化单位的管理体制和时间、空间限制,为用户提供无所不在的信息服务。

　　文化通紧紧围绕着各文化单位组织的文化活动,将市民最需要获得的讲座预告、展览预告、活动预告、演出预告、影讯预告、片花以及在线订票、惠民电影预告乃至图书馆信息资源等信息和服务进行有效整合和统一展示,实现传统图书馆纸质文献的自助查询、预约、续借等服务。同时,利用一站式的信息检索平台,为市民提供电子资源的电子资源查询、浏览、热门书推荐、学习空间、个性化订阅等一站式服务。更为重要的是,文化通充分考虑到市民广泛使用 PC 终端、笔记本以及手机、平板电脑等移动终端获取信息和文化服务的复杂环境,所有应用均实现了全终端服务。

图8　浙江文化通

　　正是基于这样的理念,浙江省图书馆率先推出了我国第一个公共文化共享移动服务平台——浙江文化通(如图8所示)。

浙江文化通是在省文化厅的支持下,由浙江图书馆牵头,联合各级公共图书馆、文化馆、博物馆、影剧院等文化单位共同建设完成。它以浙江省公共图书馆、文化馆、博物馆、影剧院等公共文化单位集成管理系统平台和基于元数据的信息资源整合为基础,以适应移动终端一站式信息搜索应用为核心,以云共享服务为保障,通过手机、iPad 等手持移动终端设备,为公众提供搜索和数字阅读、图书查询、订阅以及推送最新文化资讯等公益服务。浙江文化通还利用移动设备的 GPS 定位系统,定位全省的公共图书馆、博物馆、展览馆、影院、剧院等文化单位,通过手机就能为读者提供实时的最佳路线指引导航,从而实现了图书馆、文化馆、博物馆、影剧院等自有信息网站信息的互通、统一分享和联合服务,构建了集手机终端、宣传屏、公共电子阅览室微门户三位一体的浙江省公共数字文化服务统一平台。

文化通建设充分体现了"大文化"的系统思想,它开启了城市公共文化服务的新时代,让公众在任何时候、任何地点都可以获取不同公共文化单位的信息服务,享受各种优秀数字文化资源,从而为丰富广大人民的文化生活开辟一个新的途径。

数字图书馆的核心理念是实现人类对所有知识的普遍访问。城市图书馆肩负着智慧城市、学习型城市和全面学习社会的重任,承载着文化大发展的历史使命。随着移动服务在越来越多的城市图书馆的推广应用,城市图书馆在推动读者不受时空限制,无处不在、无时不在地获取图书馆资源和服务,构建"人人皆学、处处能学、时时可学"的学习型社会的进程中发挥越来越重要的重要影响。

参考文献

1　中国互联网络信息中心 . 中国互联网发展统计报告(2014.1)[EB/OL]. [2014 – 11 – 11]. http://cn. chinagate. cn/reports/2014 – 03/10/content_31739080. htm

2　程孝良,李勇,钟刚毅,等 . 基于移动通信技术的手机图书馆:理念、设计与应用[J]. 图书馆理论与实践,2009(9)

3　程孝良,李勇,钟刚毅等 . 手机图书馆:理念、模式与策略[J]. 情报杂志,2009(6)

4　叶凤云 . 移动阅读国内外研究综述[J]. 图书情报工作,2012(11)

5　马科,张秀兰 . 我国移动阅读研究综述[J]. 图书馆,2013 (4)

6　程焕文 . 图书馆精神——体系结构与基本内容[J]. 图书馆杂志,2005 (2)

7　施国洪,夏前龙．移动图书馆研究回顾与展望[J]．中国图书馆学报,2014(2)

8　梁欣,过仕明．移动图书馆服务模式探索[J]．图书情报工作,2013(9)

9　符静．移动图书馆终端应用研究[J]．图书馆学研究,2014(4)

10　刘敏．我国移动图书馆研究现状与趋势[J]．图书馆理论与实践,2014(1)

移动技术推动下城市图书馆发展

城市图书馆研究　2014年第三卷第一辑　　　　Journal of Metropolitan Library　Vol.3 No.1　2014

公共数字文化知识服务平台建设探究

吴　璟　　王玫丹

Research on the Platform of Public Digital Cultural Knowledge Service

Wu Jing　　Wang Meidan

摘要：自2005年党的十六届五中全会第一次正式提出要"加大政府对文化事业的投入,逐步形成覆盖全社会的比较完备的公共文化服务体系"以来,党和政府对公共文化服务体系的建设给予了高度的重视。在新形势下,响应国家号召,以全国公共图书馆为主要服务对象,构建覆盖全国、结构合理、功能健全、实用高效的公共数字文化知识服务平台,对促进公共文化服务体系的构建,促进公共文化服务的标准化、均等化将起到重要的促进作用。

关键词：公共数字文化,公共服务,多层次服务,专题服务,个人学习中心

Abstract：Building a functional and practical platform of public digital cultural knowledge service covering the whole nation,with proper structure will promote the construction of public cultural service system,accelerate the standardization of public culture service.

Keywords：public digital culture,public services,multi-level services,theme service,personal learning centre

1　公共数字文化知识服务平台建设政策背景

1.1　促进基本公共文化服务标准化、均等化发展,增强文化整体实力

公共文化作为社会主义先进文化的重要组成部分,是人类精神文明建设的重要形式,同时也是推动先进生产力发展的要素。自党的十六届五中全会第一次正式提出要"加大政府对文化事业的投入,逐步形成覆盖全社会的比较完备的公共文化服务体系"以来,党和政府对公共文化服务体系的建设给予了高度的重视。第十二届全国人民代表大会第二次会议上,对于2014年的重点工作,李克强总理表示,要促进基本公共文化服务标准化、均等化。继续深化文化体制改革,完善文化经济政策,增强文化整体实力和竞争力。2014年文化部将研究起草公共文化服务保障法,研究提出国家层面的基本公共文化服务保障标准,作为"底线标准",创新公共文化服务方式也被提上了日程。

图书馆承担着保存和承担人类文明的重要职责,改革开放以来我国图书馆事业发展迅速,已形成比较完善的公共图书馆服务体系。公共图书馆是公

吴璟,同方知网(北京)技术有限公司公共服务分公司产品部经理。Email：wj5963@ cnki. net

王玫丹,同方知网(北京)技术有限公司公共服务分公司产品经理。

共文化服务的前沿阵地,在新形势下,响应国家号召,以全国公共图书馆为主要服务对象,构建覆盖全国、结构合理、功能健全、实用高效的公共文化资源建设服务平台对促进公共文化服务体系的构建、促进公共文化服务的标准化、均等化将起到重要的促进作用。该平台将以数字图书馆建设为主要内容,加大对革命老区、民族地区、边疆地区、贫困地区知识文化服务建设支持和帮扶力度,保障人民群众通过阅读优质电子资源,参与公共文化活动,进而实现基本公共文化服务标准化、均等化发展。

1.2　建设多层次、全覆盖的公共文化服务体系,使人民群众基本文化权益得到更好保障

《国家"十二五"时期文化改革发展规划纲要》出台,再一次将"覆盖全社会的公共文化服务体系基本建立,城乡居民能够较为便捷地享受公共文化服务,基本文化权益得到更好保障"写在基本目标之中。要加强图书馆、文化馆、博物馆、美术馆、科技馆等公共文化服务设施和爱国主义教育示范基地建设,保障人民群众基本文化权益。

公共图书馆的服务对象是多元化的,不同层次的读者对知识的需求是不同的。公共数字文化知识服务平台,汇集政治、经济、农业、管理、文化、科普、党建、法律等各类资源,面向全社会各级读者的实际需求,聚类汇总相应的专题资源,通过资源的深度整合和多角度揭示,构建专题化服务体系,满足人民群众日益增长的文化需求。

1.3　搭建标准化数字图书馆系统,向公众提供个性化、多样化、全媒体数字图书馆服务

为进一步加强公共数字文化建设,提供公共文化服务能力,推动覆盖城乡的公共文化服务体系建设,切实保障数字化、信息化、网络化环境下公共文化服务的公益性、基本性、均等化、便利性,更好地满足人民群众日益增长的精神文化需求,提高公民的思想道德素质和科学文化素质,文化部、财政部决定于"十二五"期间在全国实施数字图书馆推广工程,搭建标准化和开放性的数字图书馆系统,向公众提供个性化、多样化、全媒体数字图书馆服务,全面建设覆盖全国的数字图书馆服务体系。

文化部部长蔡武指出,要积极地发展以数字化生产、网络化传播为主要特征的数字内容产业和网络文化产业。要利用先进的科技改造传统文化生产的传播方式,加快构建有利于科技与文化融合的体制机制。要积极

运用电子技术、网络技术、信息技术、数字技术,加快对传统文化产业的改造。

在这样的背景下构建的公共数字文化知识服务平台,针对公共文化体系建设的现实需要和公共图书馆创新服务模式,实现信息个性化、服务个性化的需求,设计开发的增值性、智能化的知识管理与知识服务系统。整个平台以统一管理信息资源为基础,建立的一个知识资源总库,用先进的数字图书馆技术,建设覆盖本地区的知识文化服务中心。

2 公共图书馆建设在公共文化服务体系中面临的问题及解决办法

2.1 公共图书馆在公共文化服务体系建设中的重要作用

公共图书馆是公共文化服务基础设施的重要标志之一,数字图书馆成为衡量国家信息基础水平的重要标志。随着信息技术和网络的发展,数字图书馆将成为图书馆的终极形式。数字图书馆可以将有价值的文本、图像、影像、软件等多媒体进行收集、加工、保存,并在网络上进行传播。

数字图书馆是网络环境和数字环境下图书馆新的发展形态,它利用现代信息技术,对海量、分布、异构的数字资源进行整合,形成有序的整体,通过各种媒体提供友好、高效的服务,使人们随时随地获取信息和知识。公共数字文化知识服务平台的构建可以满足公共图书馆数字化发展的全方位需求,使图书馆增强数字资源服务功能,提高数字资源服务手段,扩大数字资源服务对象,优化数字资源服务质量。满足用户广泛获取所需知识、交流信息等需求。为不同类型用户提供各种服务有利于提高城市发展的水平,促进城市竞争力的提高,促进城市信息传播,激发人们的创造精神。

2.2 公共图书馆公共数字文化资源建设,面临的困难及解决的办法

公共图书馆公共数字文化资源建设,面临的问题主要表现在:地域发展不均衡,资源建设不全面,服务能力较差,资源利用率不高。许多公共图书馆数字资源量少,文献资料更新不及时。信息化、网络化发展滞后,许多农村、偏远山区,由于交通、通信条件限制,甚至无法获得基本信息资源服务。这些问题的存在使得公共图书馆服务能力不足,缺乏活力,远远不能满足人民群众的基本文化需求,严重制约着公共图书馆公共文化服务功能的实现。

基于这样的困难,公共数字文化知识服务平台以数字图书馆建设为主要形式,用网络的形式进行信息资源的传播,信息提供不受时间、空间的限制和约束,为农村、偏远山区的数字化建设提供帮助,真正实现信息共享、信息均等化。同时数字图书馆是现代技术、文献知识信息、传统历史文化完美的结合,其改变了传统图书馆静态书本式文献服务特征,实现了远程网络传输、多媒体存取、智能化检索的超时空的信息服务模式,保证了信息资源获取的时效性。为公共图书馆数字资源的全面建设、服务能力的全面提高、数字资源的有效利用,提供全方位的支撑和保障。

3 公共数字文化知识服务平台的资源建设

随着我国经济、政治、文化、社会的全面发展,公共图书馆事业也进入了一个全新的时代——大众普遍均等服务时代。但大众的需求又是广泛的、零碎的、不确定的,如何保障每一位普通大众都拥有均等的服务,如何通过多种形式展现多层次、多样化的平台体系,满足不同类型读者的个性化阅读,是构建公众文化服务平台的基本目的。针对公共图书馆的多层次建设需求,公共数字文化服务平台为其构建了四大模块,科技文献查询平台、决策咨询参考平台、大众文化服务平台、图书馆工作支撑平台。

3.1 面向科研专业人员构建科技文献查询平台

公共图书馆为科研型用户服务,应选择某种课题知识的信息资料,提供课题研究所需要的文献资源。提供资源查询,数据库检索,学科信息导航服务,期刊论文传递,文献资源收集与整合服务,提供专利资料、科技成果资料等服务。公共数字文化知识服务平台针对学术型和科研读者,构建科技文献查询平台,为区域科技发展提供情报支持。

科技文献查询平台主要内容包括:学术文献检索系统、专利查新、科技成果查新、项目搜索、热点搜索、科研助手、翻译助手。

3.2 面向大众类读者社会大众构建大众文化服务平台

社会大众关注得更多的是关于"衣食住行"方面的数字资源,公共图书馆在提供资源时,要偏重文化类资源,如:卫生、保健、美容、房屋装修和设计、购物、家庭理财、旅游观光、服装裁剪、恋爱、婚姻、家教、心理健康、人际关系等方面的文献资源。公共数字文化知识服务平台,面对普通大众读者,构建大众文化服务平台,丰富大众文化生活,为全民阅读发挥重要作用。

大众文化服务平台主要内容包括：少儿乐园、金色晚年、女性天地、男性世界、务工宝典、社区管理与服务、经济生活及民生热点。同时结合和谐社会建设、社会主义核心价值观等热点主题，构建主题阅读、热点聚焦专题阅读平台和主题讲座活动。

- 主题阅读：平台将这些资源以"社会主义核心价值观""普法天地""主题讲座"等主题阅读的形式整合到一起，方便读者阅读。

- 热点聚焦：针对医改、养老保健、社保双轨制等热点问题，平台提供"热点聚焦"栏目，帮助大众读者迅速、准确的了解当下社会的热点问题。

3.3　面向政府领导、企事业单位等的管理、决策型用户构建决策咨询参考平台

决策参考咨询服务是时代发展的需要，也是公共图书馆自身发展的需要。图书馆在社会中的声誉，将在很大程度上取决于成功地处理它的参考问题。公共图书馆决策参考咨询服务质量的高低决定着一个图书馆服务水平的高低，同时决定着一个图书馆的社会影响力和受重视程度。因而，公共图书馆应充分利用馆藏和各种信息资源构建一个完整的平台，为各级领导提供决策参考，从而充分发挥公共图书馆的作用，最终提升公共图书馆的社会地位。公共数字文化知识服务平台，针对政府领导、企事业单位等的管理决策型用户，构建决策咨询参考平台，为领导决策提供全方位的信息保障。

决策咨询参考平台主要内容包括：理论学习、管理科学、时政聚焦、经济参考、政策研究、政报公报、食品安全、教育之声等帮助决策参考咨询的内容。在功能建设方面，平台满足政府信息需求的三大特点：时效性、准确性；个性化、专业化；集成化、网络化。

3.4　面向图书馆情报工作者构建图书馆工作支撑平台

在信息科技时代下，人们对图书馆工作人员的能力和素质要求也提高，因此需要建立一个平台，为图书馆工作人员提供工作与实践指导，提高他们的文化素养和思想境界及服务意识。同时该平台可全方位时刻关注全国各省市图书馆的建设、服务、管理等动态信息，形成一个互相学习、互相进步的健康行业氛围，推动各地公共图书馆事业更好、更快地发展。公共数字文化知识服务平台，围绕图书馆工作人员的信息资源需求，构建图

书馆工作支撑平台。

图书馆工作支撑平台主要内容包括:图书馆的业界动态、现状调研、政策法规、标准规范、新馆建设、专业研究等内容。

4 公共数字文化知识服务平台的特色化功能建设

公共数字文化服务是一个不断融入智慧的发展过程,经过了基于文献的检索服务和基于文献关联的知识服务阶段,数字图书馆步入了基于数据关联的研究服务阶段,以用户信息为中心提供智慧服务,围绕读者将数字图书馆的资源和服务集成、嵌入读者信息利用的过程中去,从而更有效地协助读者在大数据环境下进行知识发现、知识创新和知识决策。未来的数字图书馆将成为基于海量数据重组和发现的研究平台,读者将在平台上直接发现数据关系,开展基于知识微观世界的模拟化数据试验与虚拟化协同科研,从而透视知识内部世界、东西知识客观规律,实现大数据环境下的知识创新、知识学习,打造真正意义的个人终身学习平台。公共数字文化知识服务平台是在大数据的条件下,基于知识发现、主动化个性化知识服务和个人学习研究决策的需要,构建的智慧、友好、高效的服务中心。

4.1 知识发现平台建设

知识发现平台不仅仅是基于馆藏资源的信息检索系统,它利用知识管理的理念,整合了海量文献资源,通过数据库存储技术、预索引技术、知识挖掘和知识关联技术,语义分析智能检索技术等,为读者提供了一种快速、准确、有效地在海量资源中发现和获取所需信息的方式。

知识发现平台主要包括:全面知识资源体系、知识的检索与发现、可视化文献分析、以点到面的知识网络四部分内容。全面知识资源体系可以将公共图书馆的所有数字资源放在一个平台进行整合。知识的检索与发现,是指平台拥有强大的语义词典(同义词扩展,检索意图识别、智能提示),可以对检索结果智能排序,找出关联信息。平台可以对检索结果进行指标分析、趋势分析、分布分析、关系分析等可视化分析。通过可视化图谱直观展现文献之间的相互关系、多维度地揭示热点问题的发展趋势,构建以点到面的知识网络。

公共数字文化知识服务平台建设探究

公共数字文化知识服务平台建设探究

4.2　地方特色文化建设与展示平台建设

全国各地公共馆都有部分地方特色资源,都在开展特色库建设工作。建设地方特色数据库是图书馆数字化发展的重要标志之一,对推动区域经济发展,支持地方特色文化的整理、保存和利用具有重要意义。

地方特色文化建设与展示平台主要包括:数字加工、资源整合、内容重组和动态发布。数字加工是平台建设的第一步,平台的加工类型主要包括:各类古籍、图书、档案、报表、手稿、技术资料、剪辑文献、音视频等特色资源。整理好的资源通过 SDIP 自建数据库整合发布系统,将公共图书馆的各类特色资源进行整合。最后对整理好的资源进行内容重组和门户网页的动态发布。

4.3　公共数字文化知识服务平台构建个人终身学习中心

公共数字文化知识服务平台通过个人数字图书馆、E-learning 数字化学习平台为读者提供便捷的服务,满足读者各方面的文化知识和平台功能需求,打造个人终身学习中心。

个人数字图书馆:公共数字文化知识服务平台为读者提供主题阅读服务、专业资源定制、新刊主动推荐、互联网资源定制、读者互动等多种服务功能的个人数字图书馆。平台可以实现读者在自己的数字图书馆里,管理个人成果、关注的机构动态、了解热点问题发展趋势、定制社会热点、安排行业会议等功能。

E-learning 数字化学习平台:基于全球学术成果,CNKI 为科研人员提供数字化研究服务。E-Learning 面向读者的研究领域或课题,收集、管理学术资料,深入研读文献,记录数字笔记,实现面向研究主题的文献管理和知识管理;进行在线写作,求证引用,格式排版,选刊投稿。通过充分利用数字化技术,E-Learning 对学习研究全过程提供帮助,实现终生学习、探究式学习新模式。

全媒体服务:在完善内容资源服务,公众数字知识文化服务平台,支持深度应用,面向各类型读者提供主动化、多样化的个性化专题服务的基础上,着力通过手机、Pad、触摸屏、电视等多移动终端服务的合作,构建多媒体终端个性化定制、自动发布体系,满足资源面向不同类型读者的服务需要,为读者提供便捷、高效、人性化的知识服务。

5 公共数字文化知识服务平台的核心技术及服务模式

5.1 平台核心技术

数字图书馆高度依赖于现代高新技术,在我国数字图书馆的发展过程中,对技术的研发一直没有停止,特别是针对中文信息处理的关键技术研发取得重要进展,初步形成了围绕数字资源制作、管理、组织、存储、访问、服务的技术支撑环境。公共数字文化知识服务平台的核心技术主要包括XML技术、知网节技术、知识元提取技术、SDIP技术。

XML技术:XML技术是一种结构化标引技术,该技术将资源打散,进行碎片化处理后,进行字段的重组和关联。该技术用数据挖掘的方法发现隐含在海量数据资源的有效信息,并将这些有效信息形成一个集合,以便读者查找。

知网节:平台拥有知网节技术,可以提供单篇文献的详细信息及扩展信息,该技术综合应用了各种揭示文献内容关联的方法,构建了具有多角度知识发现功能的知识网络体系,通过概念相关、事实相关等方法揭示知识之间的关联关系,具有支持知识获取、学习、发现和管理的强大功能,是单篇文献各种扩展信息的入口汇聚点和相关知识信息的链接点。

知识元:将公共图书馆资源中的术语、概念、数字、图形、表格等知识元信息抽取出来,为读者提供有关知识元的事实检索。

SDIP:SDIP技术是指自建数据库系统发布系统(本文简称SDIP)。这项技术能够帮助用户将自有关系数据转换成统一格式的数据,通过机构图书馆平台或者机构发现平台对这些数据进行统一检索。

5.2 服务模式

云租用:由内部网接入"中国知网"。经IP认证,读者可直接使用本单位订购的全文数据库。该模式适用于用户内部网与互联网有较大连接带宽,但服务器、存储设备条件不足,或数据库维护人员不足的情况。

数据库镜像:在单位内部网安装所订全文数据库。全文数据库采用光盘更新,或每天从"中国知网"下载。该模式适用于用户内部网完善,硬件设备充足,内部网安全要求较高或对外连接带宽不足的情况。

云托管:由内部网接入"中国知网",经IP认证,读者可以使用本单位所有订购的全文数据库,用户可将订购当年的数据库安装到本地,并具有永久保存权与使用权。这种模式适用于用户内部网与互联网有较大连接带宽,但服务器、存储设备条件不足,或数据库维护人员不足。

机构馆托管:以云托管的方式使用数据库,订购当年的数据库可安装到本地,具有永久保存权与使用权;可在中心网站创建和管理本单位机构数字图书馆平台,使用相关增值功能;读者可在本单位机构馆下创建和管理读者本人的个人数字图书馆,使用相关增值功能。该模式适用于读者对内容的个性化服务需求较大,单位内部网建设、维护投资困难,但需长期保护数据的客户。

6　公共数字文化知识服务平台的价值

公共文化知识服务平台的构建可以丰富文化社会的层次,为公众的多重社会生活提供数字资源支撑与帮助。平台的价值主要体现在其社会价值方面。具体包括以下内容。

6.1　公共数字文化知识服务平台助力学习型社会的建设

平台给人们一个开放的、自由的、全面的学习的平台,让学习、工作和生活融为一体,使学习所获得的知识更快向现实应用转变,通过改变学习的方式,增加人民群众学习的兴趣,扩展人民群众知识需求的广度和深度,从而通过人民群众自身的学习,完成其对自身的能力塑造和培训,提高其就业能力和创新能力,实现个人潜力和价值最大化,更好适应社会需要,为自己寻找最佳的社会价值定位。

6.2　公共数字文化知识服务平台利于节约型社会的建设

通过区域内统一知识服务平台建设,避免了传统知识资源因为空间和时间限制而必须进行的重复建设,同时又实现了区域内在任何时候、任何地方,任何人可以轻松获取任何知识的目标。这样既避免了资源重复建设又提高了资源的利用效率,实现了资金和资源的最优化配置。

6.3　公共数字文化知识服务平台助力打造高效、服务型政府

平台的数据库文献收集面广、质量高、更新快,用户可以通过方便简捷的检索方式去快速查询想要的信息,大大缩短了人们获取有用信息、重要信息的时间,提高了学习和工作的效率,为决策制定和应急事件处理提供全面、及时、准确的信息支持,提高了政府机构办公、管理、决策绝对效率,提升了政府服务职能,树立了政府高效服务形象。

6.4 公共数字文化知识服务平台推动宜居城市的建设

平台依托自身海量专业信息资源,为区域内各年龄段、各种职业居民提供全面、快捷、高效知识服务,满足其日常学习、文化娱乐、医疗卫生、法律咨询、专业知识查询等各方面、多角度、多层次的知识需求,从而满足人民群众日益增长的物质文化需要。提供全面、快捷、高效的知识服务,是未来城市建设的发展方向和必经之路,是未来宜居城市建设必不可少的一个重要环节。

数据驱动的电子资源运维框架设计

杨春玲

The Design of Electronic Resources Operational Framework Driven by Data

Yang Chunling

摘要：图书馆电子资源在使用过程中，会产生大量数据。本文研究如何从这些数据中提取有效信息，优化电子资源运维。通过资源使用过程中产生的数据，了解资源的使用人群、使用时间段、资源访问方式等信息。通过对资源服务器的监控，了解需补充的硬件信息及运维需求。通过资源采购计划及资源特征的考察了解需预备多少运维资源。结合这三者和图书馆服务总体要求调整监控方案，分配运维资源，制订下一年运维计划。该框架能够使有限的运维资源更好地为电子资源的良性运转服务。

关键词：电子资源运维，图书馆数据驱动，数字资源

Abstract：a lot of information can be achieved such as the user groups,usage temporal distributions,and the resource accessing patterns through analyses of the derived data. Meanwhile,it is beneficial to discover additional operational requirements and hardware information by monitoring the resource servers, and learn how much resources should be prepared for operation and maintenance from the purchasing plans and resource characteristics. We believe that our scheme can make full use of the limited operational resource for a smoother operation.

Keywords：electronic resources operation, library digital drive,digital resources

1 引言

1.1 图书馆电子资源运维负荷逐年上升

据 2012 年高校图书馆发展报告统计[1]，图书馆的电子资源逐年增加。从图 1 可知，2006—2012 年，高校图书馆的电子资源购置费逐年增加，纸质资源年度购买量总体呈下降趋势。从图 1 可以看出，图书馆作为非营利性单位，年度资源购置总经费并不能保证稳步上升。逐年增多的电子资源需要更高

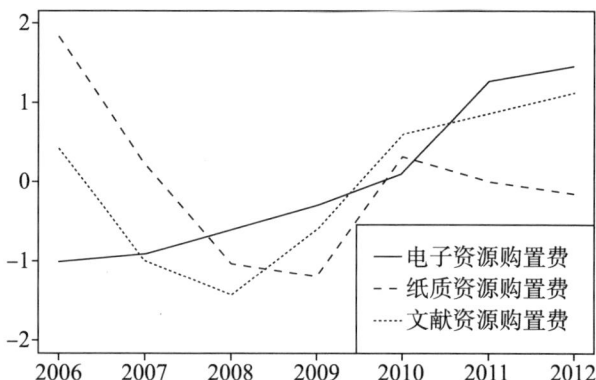

图 1   高校图书馆近 7 年文献资源购置费使用

注：数据来自 2012 年高校图书馆发展报告。为对比出各类资源购置费的发展趋势，本文对原报告中数据进行了标准化处理。

杨春玲，浙江大学图书与信息中心，数字图书馆运维工程师。Email：chly@zju.edu.cn.

的运维成本,而图书馆不能确保每年能争取到对等增量的经费用于运维,这给图书馆带来了沉重的运维压力。图书馆各类系统中存在大量用户访问资源时留存下来的数据。我们可以考虑利用这些数据,优化运维成本,提升运维质量。

1.2　国内外对图书馆数据的相关研究

如何利用图书馆站点访问数据优化图书馆服务是当前国内外图书馆界的研究热点。美国学术图书馆协会2013年环境扫描报告指出,大数据是图书馆的一个技术方向[2]。Elizabeth L . Black研究了使用图书馆Web浏览数据获取读者访问时间分布、使用设备等信息[3]。Jody Condit Fagan讨论了如何对图书馆网站浏览记录进行有效的分析[4]。复旦大学张计龙提到图书馆使用运维数据分析监控读者非法滥用资源行为[5]。本文主要研究如何利用图书馆可获取的数据优化电子资源运维。

2　数据驱动的电子资源运维框架

假定图书馆当年可支配的用于电子资源运维上的成本是固定的。数据驱动的电子资源运维框架如图2所示,研究如何结合电子资源采购计划,利用当前电子资源相关的实时数据,灵活配置运维相关的人力物力,使得现有的电子资源能最大限度上得到运维保障,从读者的电子资源请求得到较高程度满足的角度实现电子资源优质运维。通过对当前电子资源数据的综合分析,可得出明确的运维需求列表,为下一年度的运维计划提供事实支撑。年复一年,实现电子资源可持续优质运维。当然电子资源实时数据对下一年度采购计划也有一定的参考价值,本文暂不讨论。本文的第3节将详细列出为实现数据驱动运维可利用的数据源,第4节详细分述从运维角度分析数据的思路,第5节论述该框架的具体设计,第6节对全文的工作做了总结和展望。

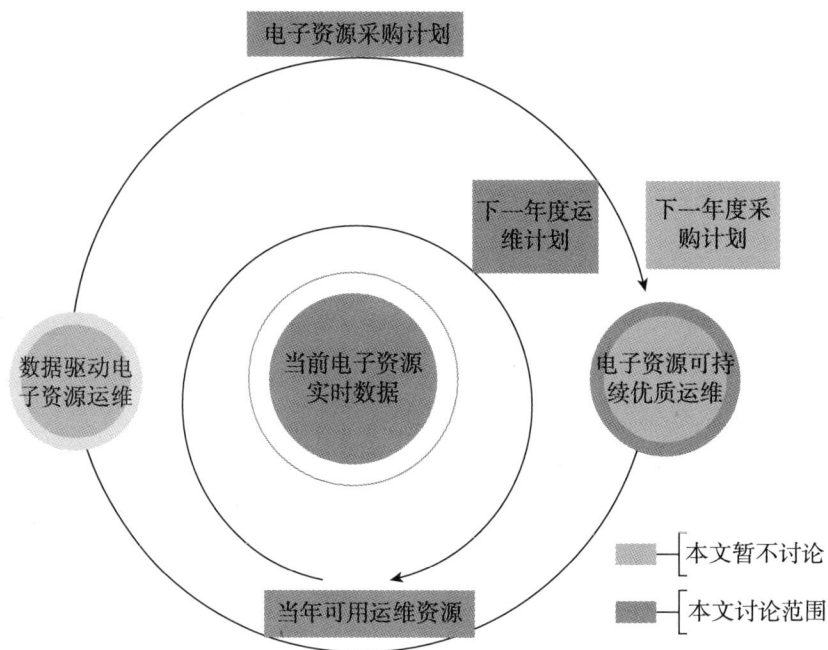

图2　数据驱动电子资源运维框架

3　电子资源运维可用数据

3.1　电子资源采购计划

通常资源采购计划会在上一年度预先制订,运维部门可预选获知电子资源采购计划,并深入调研新进资源需要多少软硬件及人力资源投入运维。这通常是可确定量。

3.2　电子资源监控数据

电子资源监控数据是指图书馆从对电子资源服务器及服务进行周期性监控获取的数据。以浙江大学图书馆为例,监控数据分为三种。(1)故障报告类。如存储无法访问、网络中断、服务无法连接等。(2)风险预警类。如服务器CPU温度过高,内存将被占满,存储空间余量不足等。(3)状态数据。已经布设的硬件及服务正常状态数据。

3.3　电子资源使用数据

电子资源使用数据通常是指该资源的访问日志,如哪些人访问,被访问的频次,访问行为是在线浏览还是下载等。这类数据通常由电子资源服务系统本身提供。具体提供形式因电子资源种类而异。

3.4　电子资源 Web 站点数据

以 Web 服务形式提供电子资源服务是当前电子资源的主流服务方式。以浙江大学图书馆为例,除部分古籍库外,均以 Web 形式提供服务。利用 Web 站点数据,分析人员可以了解到读者的地域分布、读者停留时间、读者使用的设备等信息。通过 Web 站点数据挖掘用户行为是 IT 界流行的站点分析手段。Web 站点数据的提取办法常见的有两种:(1)直接通过 Web 站点日志提取。(2)通过在 Web 站点植入代码,通过 Google、百度等分析引擎提取。

3.5　设备、服务购置价格

例如,同样容量的存储,价格随响应速度加快而增长。维护人员在非工作日现场维护成本较高。这类数据通常可通过行情调研获取。以 1T 硬盘为例,价格随转速增加而迅速攀升。5900 转的为 429 元,7200 转的为 639 元,10500 转的则需要 2399 元。整体价格趋势如图 3 所示。

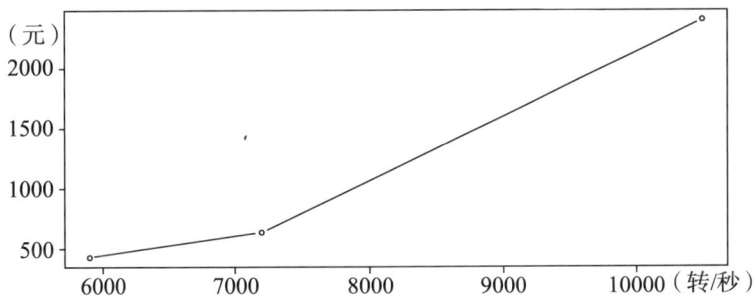

图 3　硬盘单价与转速的关系

注:数据来自 2014 年 8 月 12 日京东商城。

4　电子资源运维需求考察

图书馆的电子资源运维经费通常按年度做预算。所以一般情况下,当年的可支配运维成本是固定的。在可用成本固定的前提下,首先确保已经购买的电子资源可用,其次尽可能保障这些资源健康稳定运行。我们认为,服务范围内读者可以访问到已经购置的电子资源,为该电子资源可用。服务范围内读者总可以访问该电子资源,为该电子资源健康稳定运行。保障电子资源健康稳定运行就是要尽可能降低资源的访问失效率。访问失效有两类：(1)由硬件、网络、服务故障引起；(2)由服务并发量不足引起。第一类故障，需要即时修复。第二类故障需要升级硬件或服务系统规避。通过3.2提到的监控数据，可以实时获知故障报告，联系维护人员修复第一类故障。据3.2中提到的风险预警结合电子资源实际做出风险规避方案。一个好的风险规避方案能够在较大程度上减少第一类失效，避免第二类失效。当不同电子资源同时故障时，优先修复哪个？在当年运维成本固定的前提下，我们需要对各类资源一一考察，结合资源本身特性，做出有针对性的运维方案和运维预案。下面我们列举三类常见的考察。

4.1 访问记录分析

4.1.1 电子资源重要性评价

在当年运维成本固定的前提下，我们只能对电子资源按等级不同批次服务。这涉及一个确定服务优先级的问题。我们认为，服务优先级可依资源重要程度判定。我们从刘军等[6]提出的对电子资源综合评价系统中抽取部分评价指标，结合数据可量化实际，定义电子资源重要性指标。我们定义总访问人次为该资源在一定时间内被访问的次数，该数字能够体现资源的活跃程度。典型访问频次为常用读者使用均值，该数字能够揭示目标读者对该种电子资源的依赖程度。访问人数为一定时间内独立读者的人数，该数字能够提示资源的受众广泛性。

我们认为，第 i 个电子资源重要性 $P(i)$ 由在一定时间段内的总访问人次 x_i，典型访问频次 y_i，访问人数 z_i 三个因素确定。总访问人次说明该资源的受欢迎程度，典型访问频次说明该资源被特定人群需要的程度，访问人数说明该资源的受众规模。这三个因素的相对权重分配由师生评价、专家认证等定性投票确定。假设总访问人次的权重为 $u_i \geqslant 0$，典型访问频次的权重为 $v_i \geqslant 0$，访问人数的权重为 $w_i \geqslant 0$，$u_i + v_i + w_i = 1$。

$$P(i) = u_i \left(\frac{x_i}{\sum_{k=0}^{n} x_k} \right) + v_i \left(\frac{y_i}{\sum_{k=0}^{n} y_k} \right) + w_i \left(\frac{z_i}{\sum_{k=0}^{n} z_k} \right)$$

4.1.2 时间维度分析

4.1.2.1 资源使用时间

在有限的运维资源的前提下，我们可以优先考虑确保当下热门资源的正常使用。如我们对2013年学位论文的访问数据进行标准化处理，发现学位论文系统的高峰使用时段为 1 月、3 月、6 月和 9 月,如图 4 所示,这与学校的答辩时间节点一致。监控系统和系统维护人员需在这个时间密切关注该系统。

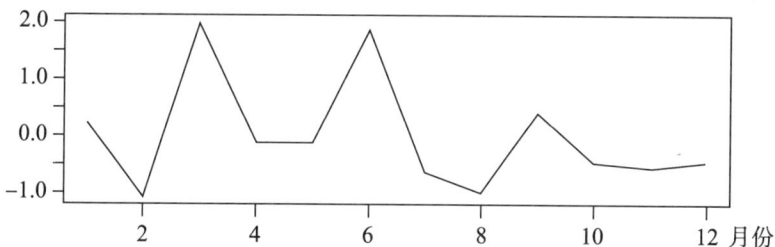

图 4　学位论文系统在毕业季出现使用高峰

注:原始数据来自浙江大学年学位论文系统 2013 年度访问记录。

4.1.2.2　访问方式时间

电子资源的访问方式分有两种,一种是校内直接访问,另一种是通过 RVPN 访问。经观察发现,放假期间通过 RVPN 访问的人数多于校内直接访问的人数。图 5 中黑色(原始数据来自浙江大学 2014 年 05 月 26 日到 2014 年 5 月 30 日 CNKI 访问记录)依次为非假期周一到周五通过 RVPN 访问知网读者数。灰色(原始数据来自浙江大学 2014 年 07 月 21 日到 2014 年 7 月 25 日 CNKI 访问记录)为依次为假期周一到周五通过 RVPN 访问知网读者数。原始数据来自浙江大学 CNKI 访问记录 2014 年 05 月 26 日到 2014 年 5 月 30 日。

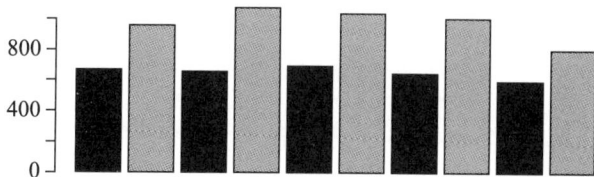

图 5　放假期间,读者更偏爱使用 RVPN 访问知网资源

4.2　监控记录分析

监控分析是指针对 3.2 中监控数据的分析。通过对状态记录和故障的分析,可以了解该资源的可靠程度;通过对存储监控的数据分析可以了解该资源在一定时间周期内的增量规律,为增加服务器存储提供事实依据。例如浙江大学学位论文库年增存储增量为 48.2G。万方期刊镜像

数据驱动的电子资源运维框架设计

的增量为 2011 年 1.22T，2012 年 2.35T，2013 年 4.2T，2014 年预计 4.5T。

4.3 对电子资源特性分析

通常单个资源因其资源类型、访问规则的独特性，对运维有独特的需求。例如资源元类型不同，对服务器硬件的需求有明显差别。电子资源的元类型是电子资源的最小组成单位，可分为文档资源、图片资源、视频资源、3D 多媒体资源等。通常情况下，元资源体积较大的，对服务器的内存、缓存要求高。例如公元图片库、提供 3D 医学教育的 Primal 库等在同样的软件环境下，需要更高配置的硬件支持才能有与一般数据库相当的响应速度。

4.4 硬件资源需求考察

通常情况下，图书馆在购置一类电子资源时，会一次性配给该电子资源的硬件设备。但随着该电子资源被读者广泛使用，会出现以下问题：(1)资源逐日增多需要增加存储；(2)设备陈旧换新；(3)系统升级需要更高的硬件配置；(4)硬件的维护成本高于换新成本。我们可以通过该资源的实际使用情况及更新方案确定需要给哪些系统升级哪些硬件，这些需求的紧迫性如何。以存储资源为例，我们以从采购到目前的数据更新量为依据，对存储的需求做预测评估。结合当前的存储余量、用户访问频率列出下一年度存储采购计划。

5 数据驱动的电子资源运维设计

基于数据驱动的电子资源运维架构如图 6 所示，分为数据获取层、数据分析层、资源分配层三个层次。首先数据获取层将与各种电子资源相关的数据统一集中到数据中心，数据中心对这些原始数据进行清洗整合后，提交给数据分析层；数据分析层对数据进行有目的分析后生成报告和报表提交给资源监控层；资源监控层结合图书馆服务发展需求修订监控方案，实施人力、硬件资源分配并制订下一年度运维计划。

5.1 数据获取层

数据获取层将不同来源的数据整合到统一的数据中心。第 3 节提到的电子资源可获取的数据主要分为四大类。(1)以一定的周期进行服务可访问性检查的数据。(2)以一定的周期捕获内存消耗、网络、硬盘、CPU 温度等数据。(3)对资源的访问情况做记录跟踪的数据。(4)计划增置软硬件、人力成本数据。其中第(1)、(2)类通常来自监控系统,第(3)类通常来自系统日志或 Web 日志,第(4)类通常来自图书馆的资源建设部门和市场考察。这些数据由于来自不同的系统,不便于对比分析,我们需要把这些数据集中到一个数据中心。数据中心对收集的数据进行清洗整合等预处理后,提交到数据分析层。

5.2　数据分析层

数据分析层实现对数据中心中与电子资源相关数据的全方位分析。数据的分析包括访问记录分析、监控记录分析、资源特性分析和硬件运维分析四个部分。其中访问记录分析包括电子资源本身的分析和电子资源间的横向对比,如图6所示。总访问人次、访问频次、独立访问人数、资源使用时间段和访问方式分析都是对资源本身数据的纵向分析,而资源重要性分析则是资源间的横向分析。图7中时间维度分析是对资源使用的纵向分析。图6中的资源特性分析和硬件运维分析通常需要结合第三方数据和参数,属于综合性分析。

5.3　资源分配层

资源分配层实现运维资源的调度和分配。主要包括监控方案调整,人力资源分配,硬件资源分配和下一年度运维计划。

5.3.1　监控方案的修订

对电子资源的监控具有双重效果。监控过于详细密集,监控负荷重,监控成本高,对资源的正常使用可能会带来不必要的干扰。监控过于稀疏,容易忽视潜在问题,漏查故障,影响系统正常使用率。我们需要在这二者间做到均衡。按照资源本身当时的重要程度分配监控周期。对于重要性高的加强监控密度,缩短数据采集周期。对于重要级别相对低的,相应降低监控密度,拉长监控周期。

5.3.2　人力资源的分配

人力资源的分配主要是对运维工作人员的调度和分配,这涉及技能需求和工作时长的问题,也就是人力服务成本问题。是分别负责几个系统,还是共同负责多个系统。优先响应故障报告事件。当多种电子资源同时发生故障时,优先处理服务等级高的资源的故障。可据实际情况确定工作日响应还是实时响应。

数据驱动的电子资源运维框架设计

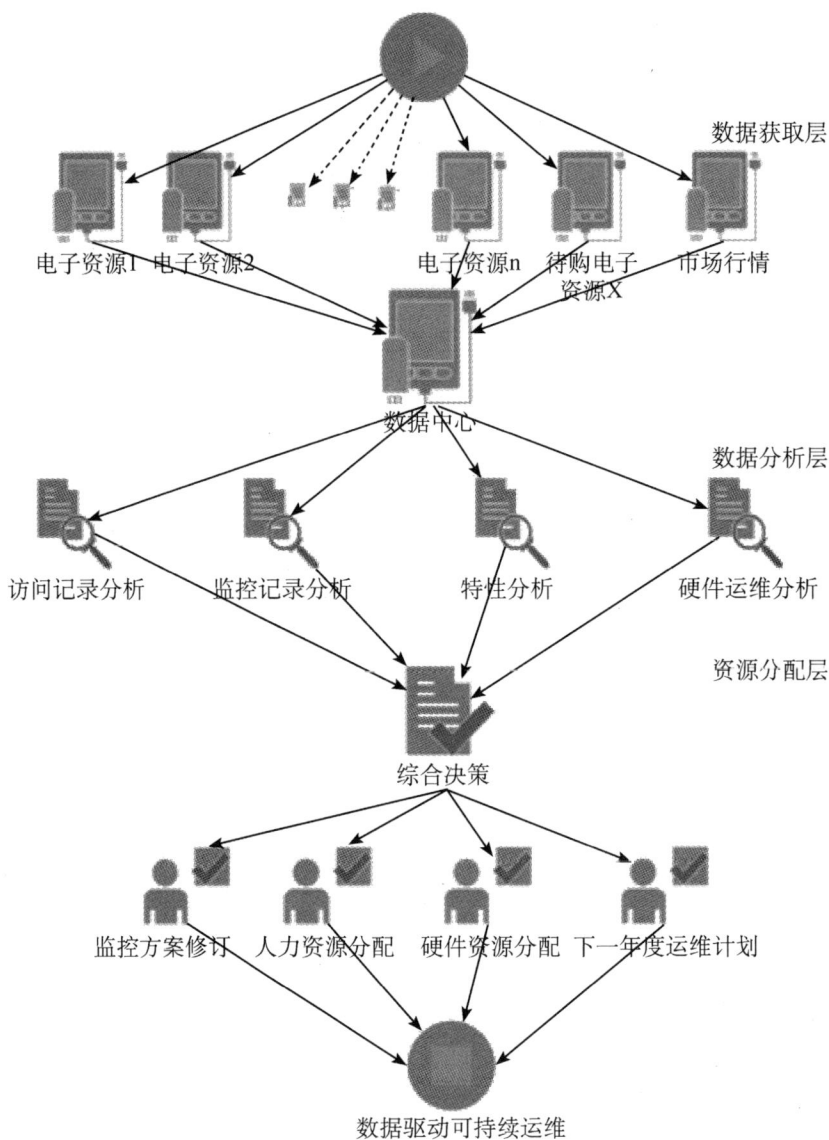

图 6　数据驱动电子资源运维设计

5.3.3　硬件资源的分配

访问记录和资源特性的分析按照资源重要性和资源需求列表,采购和分配硬件资源。图书馆电子资源应用集中在数据查询和文件传输,需要频繁读写硬盘,硬盘的优劣直接影响系统性能。建立在对资源运行和硬件参数及价格充分了解基础上的硬件资源分配能够充分利用图书馆有限运维资金。

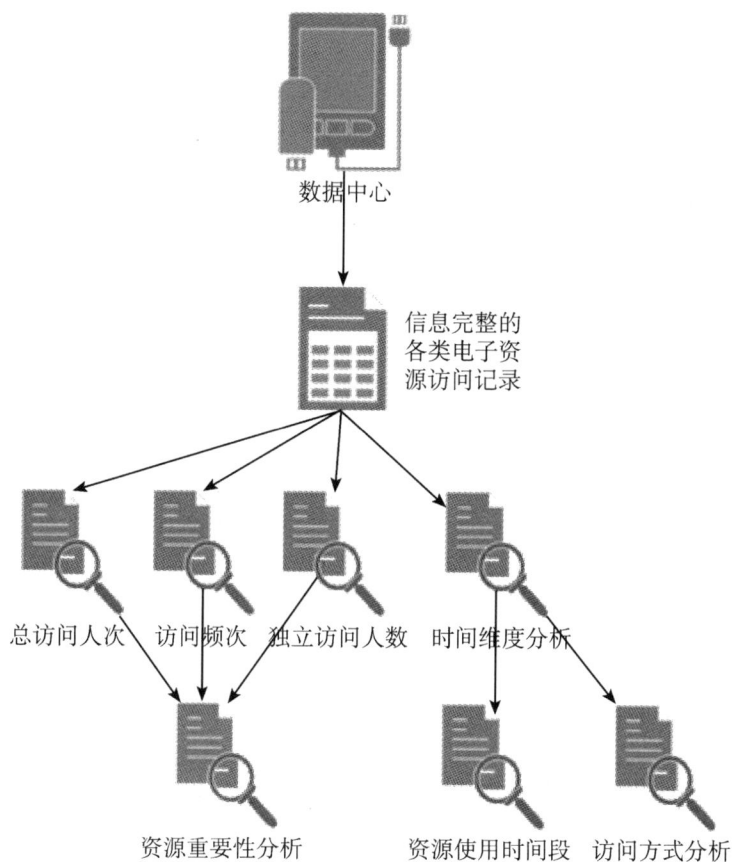

图7　访问记录分析

5.3.4　下一年度运维计划

图书馆一般是在本次年度结束时制订下一年度的计划。访问记录分析、监控记录分析、资源特性分析、硬件运维分析等为下一年度的运维预算及运维方案的制订积累了详细的数据和分析报告，使图书馆能够更科学更合理地制订下一年度运维计划。

6　总结及展望

本文基于图书馆电子资源年度可用运维资源有限的现实，设计了数据驱动的电子资源运维框架。该框架通过运维监控、站点日志等渠道获取数据，对这些数据进行有目的的分析和利用，从而控制监控成本，合理分配人力资源和硬件资源，达到电子资源可持续运维的目的。本文仅从优化运维的角度讨论了读者在图书馆电子资源站点流量数据的使用的价值。通过

103

与学科发展等相结合,还有可能挖掘出优化电子资源购置、提升教学科研等价值。

参考文献

1　王波,吴汉华,姚晓霞,等.2012年高校图书馆发展报告[EB/OL].[2014 - 07 - 21]. http://www.scal.edu.cn/sites/default/files/attachment/zxdt/2012fzbg.pdf

2　ACRL Research Planning and Review Committee, Environmental Scan2013[EB/OL]. [2014 - 07 - 21] http://www.ala.org/acrl/sites/ala.org.acrl/files/content/publications/ whitepapers/EnvironmentalScan13.pdf

3　BLACK E L. Web Analytics: A Picture of the Academic Library Web Site User [J]. Journal of Web Librarianship 3,2009(1)

4　FAGAN J C. The Suitability of Web Analytics Key Performance Indicators in the Academic Library Environment[J]. The Journal of Academic Librarianship,2014(1)

5　张计龙.大数据驱动图书馆业务应用与服务创新[J].上海高校图书情报工作研究,2013(3)

6　刘军,莫利江,吴朗,等.电子资源综合评价指标体系的构建探讨[J].情报杂志,2010(1)

浅论新媒体时代公共图书馆社会教育职能的发挥

肖永钐

Simple Analysis on the Social Education Function of Public Libraries in the new media era

Xiao Yongshan

摘要：本文引用了中外调查报告的部分数据说明当前国内外纸质阅读的现状，指出公共图书馆随着时代发展，服务对象由"读者"到"用户"的转变，从不同角度划分图书馆服务的群体，就各年龄阶段的考试应用型用户，列举了国内外诸多实践案例，从整合利用自身资源优势、丰富服务形式、提升服务价值等方面探讨了公共图书馆社会教育职能的充分发挥。

关键词：公共图书馆，数字阅读，用户，社会教育

Abstract：The paper declares the present situation of printed material reading at home and abroad by quoting part of the research report data, pointing out that the service targets of public libraries are changed from readers to users facing the development of times. It enumerates many practical cases at home and abroad, discussing the Social Education Function of Public Libraries from the aspects of utilization of own resource advantages, enriching service forms and improving the service values,etc.

Keywords：public libraries, digital reading,users,social education

1　纸质阅读 PK 数字阅读

随着各类新兴媒体的迅猛发展，数字化阅读（包括网络在线阅读、手机阅读、电子阅读器阅读、光盘阅读、PDA/MP4/MP5 阅读等）在人们的日常生活中越来越普遍，也因此，数字阅读和传统阅读之间的纷争甚嚣尘上，公共图书馆作为传统纸质文献的保藏和传播空间，存在和发展又一次受到质疑和挑战。然而我们可以看看以下中外两个调查报告：

• 2014 年 4 月，"第十一次全国国民阅读调查"结果发布，2013 年我国成年国民图书阅读率为 57.8%，数字化阅读方式的接触率为 50.1%，较 2012 年的 40.3% 上升了 9.8 个百分点。与 2012 年相比，我国成年国民人均阅读纸质图书、电子书的阅读量都略有提升，但每天接触传统纸质媒介时长均有不同程度的减少；新兴媒介中，上网时长和手机阅读的接触时长呈增长趋势。

不过，有数字化阅读行为的成年人中超过九成为 49 周岁以下人群，纸质读物阅读仍是六成以上国民倾向的阅读方式。另外，有 7.1% 的数字阅读接触者表示，在阅读过某一电子书后还会购买过该书的纸

肖永衫,深圳图书馆,馆员。Email:xys@ szlib. org. cn

73% 受访者去图书馆是为了浏览在架的图书或媒体资源；

73% 是为了借纸质图书；

54% 是为了研究感兴趣的话题；

50% 是为了向图书馆员寻求帮助；

49% 是为了坐坐、阅读、学习，或者观看、聆听媒体资源（年龄在 18—29 岁的受访者尤其可能以此作为来图书馆的理由，一些收入较低的受访者等也是如此）；

46% 是为了利用研究型数据库；

41% 是为了参加或者带未成年人参加为了儿童或青少年设计的一些课程、节目或者活动；

40% 是为了借影视 DVD 或录像带；

31% 是为了阅读或检查印刷型杂志或报纸；

23% 是为了参加隶属的团体聚会（数位团体成员表示感激图书馆提供的这种服务，相关图书馆员也强调了图书馆作为社区聚会场所的角色和地位，尤其是在一些较小的、缺乏其他团体聚会空间的社区）；

21% 是为了参加为成年人举办的课程、节目或演讲；

17% 是为了借或下载有声读物；

16% 是为了借音乐 CD。

该调查还包括一项"图书馆应该为公众提供何种服务"，多数受访者强烈支持以下几项：加强与当地学校的协调配合（约占受访者的 85%），为少年儿童提供免费的文化节目（82%），为阅读、工作及休闲提供更多舒服的空间（59%）等。

上述结果显示，尽管纸质或电子文献借阅始终在图书馆服务中占据主要地位，但图书馆作为社会活动场所、休闲场所等其他服务功能的发挥也日益增加，并且具有越来越重要的地位。

无独有偶，该报告中也就"图书馆是否应该为了释放空间给技术中心、阅览室、会议室以及文化活动而搬动部分印刷型图书和书架"进行了调查，20% 的受访者认为"一定"要搬动，39% 的受访者认为"可能"需要，而只有 36% 的受访者表示一定不能这样做。

虽然这些数据来源范围有限，但也从一定程度上说明，人们利用图书馆不再单纯为了阅读，而图书馆能提供且应该提供给人们的也不再仅仅是各种载体的文献资源。因此,我们再将到图书馆来的一切人称为"读者",就显得有些不合时宜了。而当图书馆的服务对象由"读者"变为"用户"时,我们对图书馆的功能追求和服务定位也不得不变得更加复杂和具体,这就需要进一步地划分当前图书馆服务的用户群体。

3　公共图书馆服务的用户群体划分

公共图书馆面向社会大众,广泛、复杂的用户群体按不同标准可以划分为多种类型,一般我们习惯按不同年龄段区分为少年儿童用户、青年用户、中年用户和老年用户等。根据部分公共图书馆统计,目前青年用户(按照我国青年联合会的年龄段划分,约为 18 至 40 岁)仍是公共图书馆的主要服务对象;老年用户虽然比例所占不高,但较为稳定,忠诚度很高;少年儿童用户因为读书上学,有比较明显的利用图书馆服务高峰期和低谷期,部分在校学生的青年用户也是如此。

按照不同的信息需求,我们可以将用户群体划分为学术研究型、考试应用型、生活休闲型等。从我国的经济发展和图书馆整体的建设水平来看,相对科技图书馆和高校图书馆而言,目前公共图书馆承担更多的是社会教育和文化普及功能,在学术科研服务方面难免力有不逮(有条件的城市公共图书馆也在尽力从场所、文献和服务等方面做出改进)。因此目前,覆盖不同年龄阶段的考试应用型和生活休闲型用户一般是我国城市公共图书馆服务的主要群体。

本文主要就各年龄阶段的考试应用型用户,列举部分案例论述公共图书馆如何突破单一服务形式,整合资源优势、提升服务价值,满足其较有针对性的服务需求,由简单的"藏"以为"读"上升到繁复的"藏"以致"用",从而更好地发挥自身的社会教育功能。

4　整合资源优势,丰富服务形式,提升服务价值

公共图书馆的资源优势有哪些?浩如烟海的纸质和电子文献资源,具备较高学历能力和专业素养的人才资源,一定数量的电脑终端设备和便利的通信网络,一定范围内分布较广的基层服务布局,相对宽松舒适的公共空间,以及一定的社会影响力,而且这对于图书馆服务用户来说大都是可以免费获取或享受的。

109

考试应用型用户一般包括在校学生以及需要获取职业资格认证、进行继续教育、学习应用某项专业知识或技能等的特定群体,关注的一般包括计算机、外语、法律等较为专业、系统化的各学科资源。公共图书馆对该类文献资源一般都有比较系统的收藏,但是免费的空间与丰富的文献并不是 1＋1＝2 如此简单,还需要整合各类资源优势、提供多种服务形式、创造出大于 2 的服务价值。

4.1　中小学生学习辅导

美国加州卡尔斯巴德市图书馆设立了一座独立的学习中心,其中面向 1 至 12 年级的学生开设有家庭作业区(Homework Zone),由志愿者家教提供学生们周一至周五免费的课后指导,还提供丰富的在线数据库参考资源,供学生们做作业时上网查找参考,如历史科学名人录、科学大事记、科学词典等,学生凭图书馆卡登录还可在家使用。随着互联网的兴起,美国的图书馆逐渐成为了学生家庭作业的辅导中心。美国纽约州的中小学生使用电脑就可以得到纽约州公立图书馆提供的"给老师打电话白板"(Dial-A-Teacher Whiteboard)网站的家庭作业辅导服务。学生在该辅导网站提供一些基本背景信息,之后就可以免费与一位有教师资格证的教师联网,将问题传到网上,双方开始讨论作业。在佛罗里达州、新墨西哥州、俄亥俄州和科罗拉多州等地都有类似服务,有时候还提供西班牙语、法语等教师辅导服务。此外,美国"辅导员网站"(Tutor. com)与全美上千家图书馆签有合作协议,为其用户提供免费网上作业辅导。学生只要有一张有效的图书馆卡,就可以从家里的电脑,或任何一个图书馆的电脑连接上网,进入"辅导员网站"。

虽然我国不少有条件的公共图书馆都设置了专门的自修室,图书馆也成了不少学生课余的重要学习场所,但面对该类服务群体,我们能提供的可以更多。例如,深圳少年儿童图书馆联合社工服务中心开设"四点半学校",充分整合了少儿馆在场地、设施、地理位置和社会影响力等多方面的资源,面向 4—12 岁青少年及其家长,为双职工或有需要的家庭提供支援服务,由社工免费托管放学"流浪儿",还将服务时间延伸到寒暑假等假日,组织不同主题活动,丰富优化学生假期生活,探索出了一条对青少年图书馆服务的新模式。

4.2　外语学习

香港中央图书馆六楼设置了专门的语言学习室,提供超过百多种中外语言的学习,设有 34 个座位,每个座位均设有联网电脑终端机及视听设施,使用者可按自己需要选择语言学习材料。为了让读者贯彻终身学习语言的精神,加强在多元化社会的竞争力,更准备了世界各地主要语言及考试练习的自学教材,让读者按其需要选择和自行学习。

图 2　香港中央图书馆语言学习室

相比我国许多公共馆,虽设置了公共电子阅览室,但较多用户就是随意地浏览网页、看看影视节目等,单纯地满足于休闲娱乐,使得公共图书馆变相成了免费的网吧,即使图书馆提供了不少学习型资源,也往往不能获得满意的使用效果。随着英语逐渐成为城市居民一种普通甚至基本的生活技能,或许我们也可将语言学习作为图书馆的一项基本服务,不只开设外语培训讲座,而是整合硬件设备和软件资源,采取较为独立的服务模式,以适应市民不断提升的教育需求。

4.3　电脑培训

电脑相关培训日益成为公共图书馆的一项基本服务,对此国内许多城市图书馆都积累了较丰富的实践经验,获得了不少成效,不过也有需要我们进一步努力的地方。例如,香港公共图书馆的资讯科技活动包括"轻松生活@互联网"工作坊、"IT 新世纪"讲座等项目,其中"轻松生活@互联网"工作坊通过介绍使用互联网的基本技巧及与日常生活相关的网上资

111

讯,鼓励市民善用互联网资讯及公共图书馆的数码资源与电子服务,活动对象为十八岁以上、对上网未有认识的人士,目前包括六个单元:齐来学上网、网上阅读与视听资源、生活资讯大搜寻、资讯分享及保安、我的网上小天地与网上实用工具,培训主题实用性强、关注日常生活细节,而且每月都在香港公共图书馆不同分馆的电脑资讯中心频繁举办,为不同区域市民提供了极大的便利,在大力度普及电脑网络基础知识、为不同层次市民提供相应培训、提升社会整体素质,以及注重分馆建设、基层服务网点培训活动普遍开展等方面,尤为值得内地学习。

4.4　求职服务

求职就业作为普通民众的生存来源,一直是受社会普遍关注的重要问题。美国公共图书馆在这方面为普通民众提供了包括简历制作辅助、本地招聘信息、工作技能培训以及求职主题讲座和课程等多种服务,而且关注弱势群体,获得了良好的社会效果。据报道,2013年美国一位参议员杰克·里德更提出一项法案,修正了1998年颁发的《劳动力投资法》,把公共图书馆整合到国家和地方劳动力投资委员会中,即《借助地方图书馆的劳动力投资法》(*Workforce Investments through Local Libraries Act*),该法案会扩大图书馆在帮助经济萧条时期求职人士中的重要作用,将允许图书馆用户访问员工活动、培训服务和求职就业的相关信息,其中包括简历创建、就业资料库网络搜索、读写能力服务和职业信息研讨会,但是也不限于这些。美国图书馆学会主席莫林·苏利文(Maureen Sullivan)表示很感谢他们认识到图书馆在社区为人民在职场中取得成功的重要作用。"图书馆提供免费的互联网,个人可以通过互联网求职并填写求职申请书。图书馆提供软件程序是为了简历的创建和技术使用的培训。我们的图书馆还提供我们社区其他机构没有的资源和个人咨询服务。图书馆做出的贡献在我们国家劳动力发展中是不可或缺的。"我国人口众多,社会就业压力巨大,对于一些文化水平较低、经济能力较差的求职者,公共图书馆不失为一个提供免费资源、设备与辅导服务的绝佳选择,虽然许多公共图书馆也开设了基础的电脑培训课程,但提供针对性的求职服务几乎没有,在这方面我们完全可以大展拳脚、有番作为。例如,自2009年起,杭州图书馆就联合社会上各类团体机构,聘请热心公益事业的专业人士,为市民提供免费、多样、亲民的公益培训课程。2013年新增培训课程——创业辅导,招收有创业意向的人员,由浙江省中小企业创业指导师,依据创办微小企业的特点,采用现场讲解、讨论、交流等教学形式,讲授杭州创业环境及优惠政策、创业意识培训、创办企业的程序和要求、创业基本知识技能等,帮助创业者正确认识自我,逐步增强学员的创业意识和创业技能。

单从上述几例,我们可以总结出几点经验:关注图书馆用户的广泛需求,更要有意识地发掘较大范围用户的目的性需求,如学生课外辅导、求职服务等;综合利用图书馆的场所、文献资源、技术设备、人才优势和服务网络,并积极引入社会力量参与,为用户的不同需求提供多元化的服务形式和手段,提升服务水平;此外还应加强基层服务网络的建设,让更多的基层馆也能为用户提供除了文献借阅以外更多样化的服务,为广大用户提供尽可能的便利。

5　打造城市学习中心

除了考虑用户单一、有针对性的服务需求,有条件的大型城市公共图书馆,更可以打造满足多元化需求、综合性的城市学习中心。

学习中心是在数字时代的学习型社会,图书馆为进一步强化社会教育职能,适应用户学习方式的变化,以丰富的文献信息资源、计算机网络设施为基础,以学习为中心所组织的整体业务空间与服务形态。在国内外,按照建设的不同定位、不同阶段,图书馆学习中心还有其他的一些表述方式,如信息共享空间(Information Commons,IC)、学习共享空间(Learning Commons,LC)等。例如美国缅因州公共图书馆信息共享空间是由缅因州州立图书馆承担,致力于将高校图书馆实施的信息共享空间成果应用到公共图书馆设施中,以帮助馆员和志愿者满足各领域弱势群体的需要,如应用技术找到有关就业、法律及日常生活中其他需要的信息项目,不仅日常在州内各公共图书馆开展培训活动,项目还建立了网上IC,包括了Learning Express、求职、健康资讯、在线政府、法律援助、数字素养六大模块。其中Learning Express是美国Learning Express有限责任公司的一个集教程、备考资料、交互性练习测验于一体的在线学习平台产品,即Learning Express Library,美国与加拿大数千家公共图书馆都是其用户。缅因州公共图书馆Learning Express Library平台提供超过770种与求职、工作技能提升、职业

113

认证考试、高考及研究生招生考试、GED 考试及阅读写作算术基本技能提高有关的测验、视频教程和电子书。用户凭在线申请的缅因州虚拟图书馆账号、密码登录即可使用该平台资源与服务。

2011 年，东莞图书馆提出建设东莞学习中心的思想，并率先推出供广大东莞市民进行学习、交流活动的公益性网站——东莞学习中心网络平台试用。凭东莞图书馆总分馆读者证号或在线申请的数字账号登录，平台所有资源与服务均不收取任何费用，学习形式分为视频、读书、文档、课程、考试等，学习内容更为广泛，外语、摄影、养生、理财等包罗万象，可供下载学习的资料丰富多样，用户还可以登录个人的学习中心，记录个人学习历程，整合资源入口，加入各类兴趣小组，进行自我管理，促进学习交流。同时东莞图书馆也配有相关设施与实体场所，如管理中心、录播中心、培训教室等。

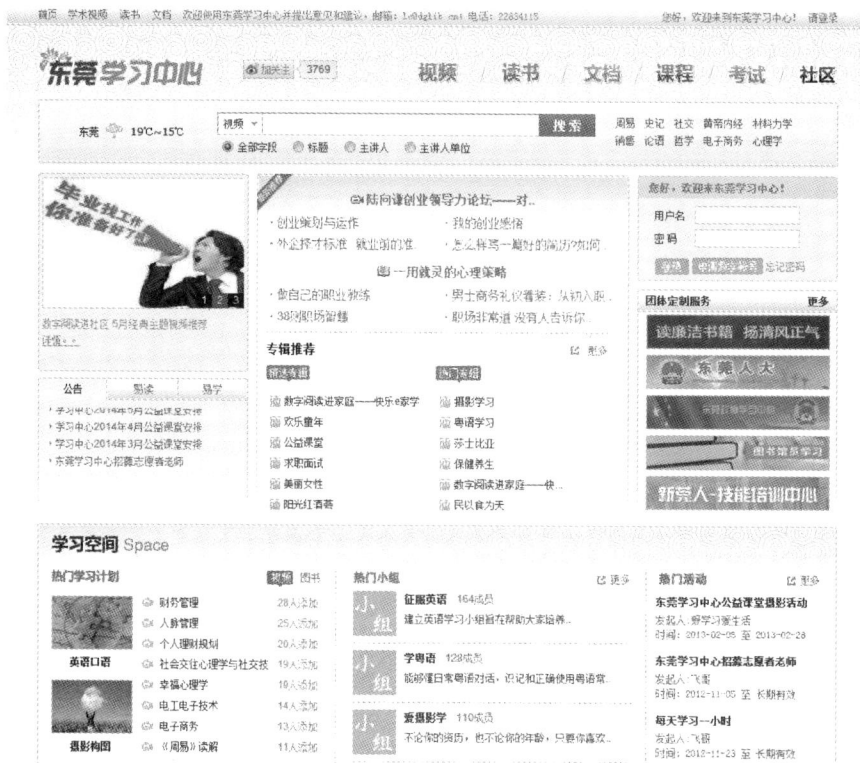

图 3　东莞图书馆"东莞学习中心"

　　当前科技正在以前所未有的速度发展，公共图书馆如何在五光十色、令人眼花缭乱的各类新兴媒体冲击下，维护并持续发展自身在城市文化生活中的地位和作用，必须立足于用户需求，强化并发展自身的服务职能。从充分发挥社会教育职能出发，公共图书馆不仅要积极创新，丰富形式，力求满足大众多元化的学习需求，更要转变自身定位，由社会教育的支持者、中介所转变为社会教育的参与者、组织人，利用种种优势，致力打造成多元化的城市学习空间，这也是时代发展对公共图书馆义不容辞的责任和要求。

参考文献

1　"第十一次全国国民阅读调查"成果发布［EB/OL］.［2014 - 05 - 14］. http://www. chuban. cc/yw/201404/t20140423_155079. html

2　E-Reading Rises as Device Ownership Jumps［EB/OL］.［2014 - 05 - 14］. http://www. pewinternet. org/2014/01/16/e-reading-rises-as-device-ownership-jumps/

3　World's first paperless public library in US Bexar County, Texas［EB/OL］.［2014 - 05 - 20］. http://www. independent. co. uk/arts-entertainment/books/news/worlds-first-paperless-public-library-in-us-bexar-county-texas-9104376. html

4　无纸图书馆［EB/OL］.［2014 - 05 - 20］. http://www. baike. com/wikdoc/sp/qr/history/version. do? ver = 1&hisiden = sYnFnd, WV6VQlYXlR, mcmd1Bq

5　Library Services in the Digital Age ［EB/OL］.［2013 - 05 - 28］. http://libraries. pewinternet. org/2013/01/22/library-services/

6　娄海良, 宓永迪. 公共图书馆读者的统计与分析［J］. 科技情报开发与经济, 2012(13)

7　彭焕香. 公共图书馆为不同类型用户服务的几点探讨［J］. 科技与企业, 2012(3)

8　陈智勇. 美国图书馆的免费课外辅导［N］. 中国教育报, 2013 - 02 - 03(3)

9　香港中央图书馆［EB/OL］.［2014 - 05 - 26］. http://www. hkpl. gov. hk/tc/hkcl/service/adult. html

10　香港公共图书馆［EB/OL］.［2014 - 05 - 26］. http://www. hkpl. gov. hk/tc/extension-activities/event-category/23416/it-activities

11　美国图书馆学会感谢美参议员杰克·里德(Jack Reed)提出《借助地方图书馆的劳动力投资法》［EB/OL］.［2013 - 05 - 29］. http://www. chinalibs. net/ArtInfo. aspx? titleid = 298571

12　张久珍, 王文磊. 美国公共图书馆的求职服务功能探析［J］. 新世纪图书馆, 2012(7)

13　奚惠娟. 美国公共图书馆学习中心形态、功能与启示［J］. 图书馆学研究, 2013(2)

浅论新媒体时代公共图书馆社会教育职能的发挥

区域数字图书馆联盟建设探析

——以宁波市数字图书馆联盟为例

杨晶晶

Analysis on the Construction of Regional Digital Library Alliance: Take Ningbo Digital Library Alliance as an Example

Yang Jingjing

摘要：本文以宁波市数字图书馆联盟为例，介绍了宁波市区域数字图书馆联盟的发展情况，分析总结了联盟建设的现状以及目前存在的几点问题，并针对这些问题提出了宁波市数字图书馆未来的发展举措，为其他区域数字图书馆联盟的发展提供了借鉴。

关键词：图书馆联盟，数字图书馆，资源共享，区域联盟

Abstract：The paper introduces the condition of the development of Ningbo digital library alliance, analyzes and summarizes the status of the alliance construction and the existing problems. It proposes the measures for the future development of Ningbo digital libraries, and provides the reference for other regional digital library alliance.

Keywords：library alliance,digital library, resource sharing,regional alliance

1　引言

区域数字图书馆联盟是数字图书馆联盟的一种重要形式，是以地域为中心建立的数字图书馆联盟。目的是促进地区内不同类型图书馆事业的发展，加强信息资源的共建共享以及地区之间的图书馆合作交流等。

国内现有区域性数字图书馆联盟以省内联盟为主，除北京高校网络图书馆外，其他数字图书馆联盟经费都由当地教委（教育厅）与各成员馆共同承担，联盟合作以联合引进数字资源、联合目录、文献传递为主，其他项目涉及馆际互借、学科导航、特色库共建共享、培训等[1]。

2　宁波市数字图书馆联盟建设现状

2.1　项目概况

宁波市数字图书馆（以下简称 NBDL）项目是由市教育局、财政局、发改委、科技局和文化广电新闻出版局等政府部门领导，宁波大学园区图书馆、宁波

杨晶晶，宁波大学园区图书馆读者服务部主管。Eami：yjingqiang@163.com

市图书馆、宁波市科技信息研究院和各在甬高校以及广大企业等共同参与的数字文献信息资源共建共享服务平台,是宁波市服务性教育体系建设的重要组成部分。NBDL 一期项目于 2008 年 1 月启动建设,二期项目于 2013 年全面实施,建设了包括特色数字资源库、数字化学习平台、文献传递等资源服务体系。截至 2013 年年底,中心门户平台用户数超过 80 万人,其中网上注册用户 8.28 万人,年度新增注册用户 4.02 万人。NBDL 中心门户服务功能不断拓展,服务效益持续提高。

表 1　NBDL 中心门户平台近 3 年服务数据

项目	历年累计	2011 年	2012 年	2013 年
注册用户(人)	82 784	9855	17 914	40 213
访问量(人次)	5 263 240	991 260	1 251 011	1 254 984
文献下载(篇)	45 096 064	7 879 467	9 713 634	17 375 406
文献传递(篇)	6 101 152	1 125 638	1 456 121	2 169 153

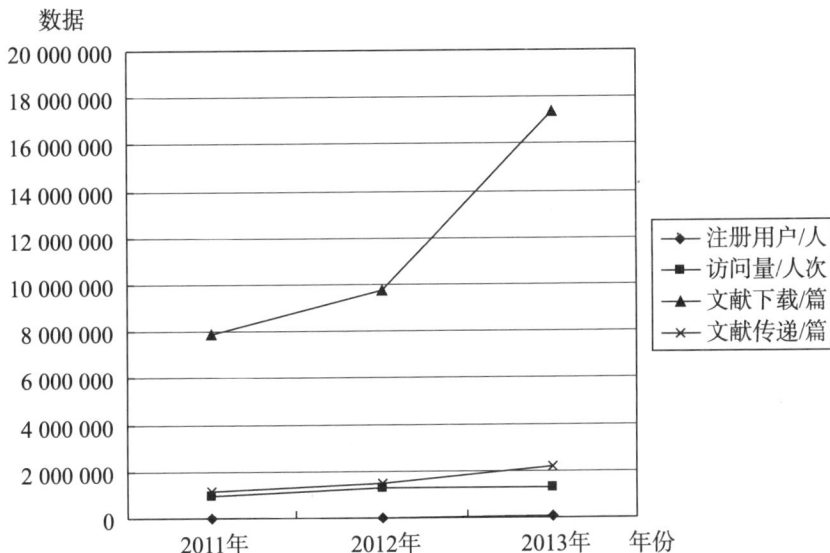

图 1　NBDL 中心门户平台近 3 年服务数据折线图

2.2　文献传递服务持续发展

通过文献传递向全市人民服务,是共享各项目成员文献资源的重要举措,是平衡知识产权保护与文献信息资源合理使用的通行做法,也是

117

数字图书馆联盟服务的亮点之一,在全国图书馆界有着重要的地位,截至2013年年底,通过NBDL中心门户平台累计完成文献传递610.1万篇。联盟开展文献传递服务的方式有中心门户系统自动传递文献与成员单位人工传递文献。2013年自动传递文献占全部文献传递量的89.38%,是文献传递的主要方式。另外对于中心门户平台无法自动传递的文献请求,特别是NBDL未采购或整合的外文资源,人工传递服务起到了重要的补充作用,两种传递方式互补,服务及时,能够快速响应全市用户的需求。

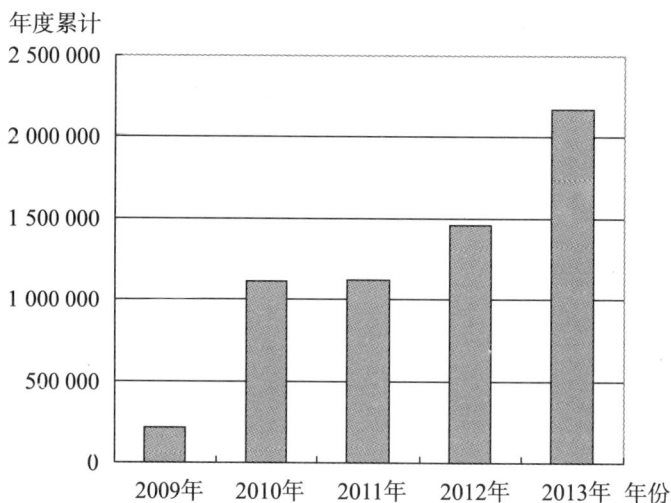

图2　宁波市数字图书馆成员单位近5年文献传递量柱形图

2.3　特色数字文献资源库建设

特色数字文献资源库建设是数字图书馆联盟项目的重要组成部分,其中,一期项目分两批设立了16个特色数据库,二期项目设立了2个特色库,分别由NBDL的14个成员单位承担建设与服务任务。这些特色库覆盖了宁波市主要的特色优势产业、新兴产业和地方文化的精髓。截至2013年底,特色库的资源总量达到346.2万条,年度新增资源32.3万条,并对新增的教师教育特色数字文献资源库和旅游产业特色数字文献资源库分别进行了中期检查。截至2013年年底,一期提供对外服务的15个特色网站累计的总访问量为2939.7万人次。

表2　2013 年度 NBDL 特色数据库建设情况

特色库名称	承担单位	资源总量/条
港口物流特色库	宁波大学	336 460
文教用品特色库	宁波大学	360 944
化工产业特色库	宁波工程学院	399 969
纺织服装(样板)特色库	浙江纺织服装职业技术学院	285 696
机电塑料模具特色库	浙江工商职业技术学院	235 743
新材料特色库	宁波市科技信息研究院	98 147
服务外包产业特色库	浙大宁波理工学院	140 070
创意产业特色库	浙江万里学院	229 872
汽车零部件特色库	宁波大红鹰学院	90 059
船舶设备使用与管理特色库	宁波公安海警学院	70 899
医药产销特色库	浙江医药高等专科学校	65 910
地方文化特色库	宁波市图书馆	51 286
动漫产业特色库	宁波职业技术学院	76 791
精品家电特色库	浙江工商职业技术学院	52 339
塑料机床专利特色库	宁波市科技信息研究院	935 878
教师教育特色库	宁波教育学院	–
休闲旅游特色库	宁波城市职业技术学院	32 084
合计		3 462 147

表3　特色数据库网站访问量(截至 2013 年年底)

成员单位	特色库网站	累计
宁波大学	港口物流特色库	1 049 828
宁波大学	文教用品特色库	210 815
宁波工程学院	化工产业特色库	1 244 555
浙江纺织服装职业技术学院	纺织服装(样板)特色库	9 195 494
浙江工商职业技术学院	机电塑料模具特色库	163 041
宁波市科技信息研究院	新材料特色库	190 539
浙江大学宁波理工学院	服务外包产业特色库	767 947
浙江万里学院	创意产业特色库	343 857
宁波大红鹰学院	汽车零部件特色库	97 562
宁波公安海警学院	船舶设备使用与管理特色库	117 800

119

区
域
数
字
图
书
馆
联
盟
建
设
探
析
——
以
宁
波
市
数
字
图
书
馆
联
盟
为
例

续表

成员单位	特色库网站	累计
浙江医药高等专科学院	医药产销特色库	153 320
宁波市图书馆	地方文化特色库	15 389 000
宁波职业技术学院	动漫产业特色库	91 340
浙江工商职业技术学院	精品家电特色库	248 544
宁波市科技信息研究院	塑机机床专利特色库	133 187
合计		29 396 829

2.4　宁波市数字化学习平台

宁波市数字化学习平台是宁波市智慧教育项目的组成部分,2013 年 12 月正式开通。宁波市数字化学习平台的开通,标志着宁波市智慧教育服务体系的初步形成,这在全国是首创,为深化服务型教育体系建设,提升教育信息化水平,推动高校教学手段和学习方式的转变,促进高校内涵发展,推动服务产业结构转型升级、文化及社会事业的发展以及为创建智慧城市建设、学习型社会建设等方面提供了重要的技术平台与服务支撑。宁波数字化学习平台首期整合宁波本地优质高校网络课程 30 余门,主要包括资源、生物技术、教学教育、医学保健、生活艺术以及职业技能等。

2.5　完善手机平台功能,拓展移动信息服务

为满足读者移动阅读的需求,2012 年 9 月正式开通手机平台,使全市用户可以通过移动手持终端设备随时随地检索馆藏纸本图书,访问并获取数字图书馆的期刊、论文、报纸等数字资源,用户可用文本、图片和 PDF 等多种方式进行阅读,也可利用手机终端实现文献传递的请求。手机图书馆为读者提供随时随地的资源搜索与获取、个性化定制和查询借阅管理等服务。

3　宁波市数字图书馆联盟建设、推广经验

宁波市数字图书馆联盟在管理机制、资源建设、服务开展以及宣传推广方面有着自己独特的方式方法,这是项目取得成功的重要因素。

3.1　建立宁波市数字图书馆联席会议制度,明确成员单位责、权、利

NBDL 建设与管理领导小组与联席会议的架构,是 NBDL 项目建设与服务取得显著成效的机制保障。领导小组由市教育局牵头,由发改委、科技、财政、文化等部门及相关行业协会构成;NBDL 联席会议由宁波大学园

区图书馆牵头,下设联络组、技术组、资源组和推广组四个工作小组,人员由相关成员单位派员组成。中心门户设在宁波大学园区图书馆,根据需要和条件,可在参与单位中选定2—3家为项目建设分中心[2]。联席会议制定联盟章程,明确成员单位权责地位;宁波大学园区图书馆自主约束中心馆利益,保障其他成员单位利益。联席会议成员不仅会定期召开会议,沟通项目建设情况,而且利用成员资源,开展业务培训,合作开展科研项目申报和研究,撰写学术论文[3]。

3.2　优化整合中心门户文献信息资源质量

宁波市数字图书馆中心门户平台引进了一大批面向全市开放服务的数字资源及国内外著名的信息服务系统。2013年,中心门户在保持原有各类商用数据库的数据更新外,还扩大了通用数字资源的规模,特别是配合数字化学习平台建设和开通,引进了一批学习资源。截至2013年年底,中心门户平台整合的文献资源元数据近4.65亿条。

表4　中心门户文献资源整合数量(截至2013年年底)

序号	文献资源类型	文献资源整合	
		数据(条)	比例
1	中文期刊	82 499 041	17.70%
2	英文期刊	170 938 652	36.68%
3	中文会议论文	4 347 414	0.93%
4	中文学位论文	4 117 025	0.88%
5	国内标准	1 215 384	0.26%
6	英文学位论文	1 126 726	0.24%
7	视频	7 202 402	1.55%
8	信息资讯	9 739 082	2.09%
9	中文报纸	112 767 181	24.20%
10	中文图书	5 587 965	1.20%
11	英文图书	17 992 690	3.86%
12	中文专利	9 028 154	1.94%
13	英文专利	38 318 744	8.22%
14	特色资源	1 116 981	0.24%
合计		465 997 441	100.00%

121

3.3　设立推广服务专项,加强资源宣传推广

NBDL一期项目设立了推广服务专项,强力推进了数字资源的推广、培训和服务工作,具体措施体现在以下几方面:

一是利用行业协会开展服务推广是各特色库较为普遍的做法。行业协会上联政府部门、下联企业单位,掌握着丰富的政策资源、行业资源和企业资源,行业协会的影响力对于特色库的建设和推广起到了极大的推动作用。如,浙江工商职业技术学院与宁波模具行业协会以及地区性的模具行业协会等合作,掌握了大量的企业信息,明确了特色资源服务推广的方向和路径,取得了显著的成效。

二是成员单位通过深入企业、现场走访或者电话Email等方式推广特色库,制作特色库培训课件进行针对性培训,并将推广服务与企业的特色资源采集相结合。如浙江纺织服装学院的特色库项目组,直接面向企业推广特色资源,并使资源建设与服务同步,"甬商热点"模块的元数据来自宁波本土的纺织服装企业,通过特色库的整合、分类、再加工,以图文并茂的数据条目形式清晰展示,每条数据包括品牌名称、品牌故事、商业照片、终端形象、企业官网、电商网站、联系方式等多方面信息。

三是组织大型的宣传推广活动。数字图书馆进驻人大、政协会议为代表、委员服务,设立专门的信息服务点、广场活动,提供咨询、文献使用培训、免费办理阅读卡等服务。另外邀请国内外专家讲座,利用图书馆内其他活动平台宣传等方式也有比较明显的效果。

四是与其他培训平台合作,进行嵌入式数字资源推广培训。在甬高校承担着大量的各类培训和继续教育任务,利用现成的学校培训平台和培训项目,把数字资源的课件嵌入到这些培训项目中,2013年服务外包特色库项目组利用了宁波经理学院和浙江大学宁波理工学院继续教育学院的培训平台进行数字资源嵌入式培训。

3.4　采用适当的激励机制提升服务质量

联盟服务范围广,文献需求量大,单纯的自动文献传递系统无法满足日益增长的用户需求,建立与巩固专兼职相结合的资源服务队伍是保证服务质量的重要举措。例如,文献传递服务比较积极的成员单位,都建立了相应的队伍,有一定的激励措施,员工参与人工传递的积极性很高。全市各类用户的文献需求一旦发布,往往在短时间内就被成员单位"抢光",绝

大多数文献需求在半天内完成传递,员工自愿加班加点,响应及时,文献传递满意率很高,NBDL 的文献传递工作逐年增长,成效显著,这与适当的员工激励机制是密不可分的。

4　宁波市数字图书馆联盟建设存在的困难

4.1　成员单位数字资源建设与服务工作发展不平衡

NBDL 联席会议不同成员单位之间在资源建设、特色库网站服务、文献传递服务、企业推广和培训服务等方面存在较大的差距,不同成员单位之间的发展不平衡,主要表现在:部分特色库在 2013 年度没有或很少更新数据;个别特色库网站不能打开的现象时有发生;只有少数部分成员单位持之以恒地承担着通过中心门户调度的人工文献传递服务工作;个别成员单位在推广服务项目验收后的资源推广和用户培训工作趋于停滞状态。

4.2　成员单位统计数据与服务绩效考核不规范

服务统计数据不仅是某一阶段该服务客观的成绩体现,同时准确的数据也能促使我们及时发现服务中的问题以及需弥补之处,统计数据是可以作为绩效考核的依据的。NBDL 一期项目验收以来,各成员单位每季度都上报统计特色库资源建设与推广服务的数据,每年初需上报上年全年的数据。而从近两年的实践看,不同单位之间上报的这些数据并不一致,甚至统计的方式也有所差别,比如特色库网站的访问量是衡量特色资源建设质量和服务效果的重要统计指标,各单位自行上报的访问量差距很大。

4.3　联盟项目可持续发展问题

具体体现在项目后续建设与服务的经费和人员保障问题。就中心门户而言,它承担着日益繁重和复杂的系统维护、数据管理和服务任务,因而需要充实一定数量的高素质专业技术人员,也需要加大硬软件系统维护、更新的资金投入。资源的采购、管理都需要持续的经费和专业人才的投入。而为了提供更加优质、高效的服务工作,如何平衡好调动员工积极性所需投入的人力物力与成员单位公益性的性质是每个数字图书馆联盟普遍面临的问题。

123

4.4　数字化学习平台建设任重道远

虽然宁波数字化学习平台已经开通,但是数字图书馆与数字化学习毕竟是两个不同的专业领域,有着各自的建设内容和服务职能,也有着不同的发展轨迹和发展目标,如何做好两个项目之间的衔接,形成协同发展的格局是目前面临的主要问题。另一方面,数字化学习平台如何与高校的课堂教育相结合,学生在数字化学习平台上的选课、学分、互动等一系列的学习方式和学习效果都需要各个高校之间共同制定相关的制度进行保障。

5　宁波市数字图书馆联盟未来发展举措

5.1　给予联盟成员必要的支持与约束,改善联盟成员发展不平衡现状

进一步完善 NBDL 联席会议工作机制,明确成员单位的责、权、利关系,并且根据不同成员单位在特色库建设、技术水平与资源推广服务等方面的优势,实行差别化扶持与发展的策略,扬长避短,最大限度地发挥各个成员单位及其特色库的特点、优势和积极性,形成 NBDL 团队的整体合力,提升建设与服务的水平。另外对于部分因人员与技术缺乏而发展滞后的联盟成员给予必要的经费或人力支持,优化联盟成员发展不平衡的弊端。另外随着数字化学习平台的实施,学校教务部门与图书馆的合作关系也是今后应努力协调的一个方面。

5.2　优化完善数据统计方法,保证数据的客观与有效

客观、准确、一致的统计数据不仅是优化提升文献资源服务的反馈,更是联盟成员单位绩效考核的重要标准和依据。一方面可以丰富数据统计项目,从使用者的角度增加一些真正反映利用情况的统计数据项目,使统计数据真正成为资源服务的反馈与优化服务的依据。另一方面,可以引入第三方统计工具,以便准确、客观地统计网站页面访问量、访客数、平均访问时长以及网站流量的变化趋势。

5.3　争取政府支持,保证持续的经费、人员与技术力量的投入

保证数字图书馆联盟的可持续发展。继续争取政府的重视,保障后续经费的投入,引进相关的高素质人才,优化完善联盟的技术与服务。中心门户要对硬件设施和软件系统进行必要的扩容和更新,提高中心门户的智能化、移动化、社交化服务水平,改进与完善手机平台的服务功能。要遴选有发展前途的特色库项目,继续给予财政资金的支持,促使特色库项目做大做强,发挥特色库在本市产业和地方文化、教育和科研事业发展中的作用。除此之外,部分经费可以用来激励文献资源服务相关馆员,保证服务

的质量与可持续性。

5.4　整合优化数字学习平台资源,制定统一的制度保证学习平台的使用效果

2013年面向宁波市高校首批征集了121门网络课程,联盟中心平台应大力整合、优化利用国内外使用的网络课程、视频课程、MOOC资源等各类学习资源,以需求为导向,对宁波市高校新建网络课程要审慎立项,避免重复建设,提高网络课程资源建设的质量和可用性。另一方面,各个高校教务部门应及时沟通,制定统一的规章制度,保证每个学生在数字化学习平台上可以选课学习,互认学分,建立整套激励机制,协调处理不同学校所属教师与网络课程开放性之间的矛盾。

参考文献

1　何琳.我国区域性高校数字图书馆联盟建设现状调查分析[J].图书馆,2010(4)

2　颜务林,李亚芬.宁波市数字图书馆建设模式与运行机制研究——探索城市数字图书馆建设创新之路[J].图书馆,2009(3)

3　常青,王静儿.数字图书馆联盟成员自身利益平衡机制探析——以宁波市数字图书馆为例[J].图书馆理论与实践,2014(1)

城市图书馆研究 2014年第三卷第一辑　　Journal of Metropolitan Library　Vol.3 No.1　2014

数据挖掘技术在公共图书馆的应用探索

蒋琦琦　黄明珊

Application of Data Mining Technology in Public Libraries

Jiang Qiqi　Huang Mingshan

摘要：介绍了数据挖掘技术及其常用的方法,并以杭州图书馆2008年至2013年的青少年图书借阅数据、2012年至2013年数字资源阅览量为数据源,使用数据挖掘工具,对青少年进行分年龄段统计分析,客观分析了杭州市青少年阅读行为的变化趋势和特点,对数据挖掘技术在图书馆的应用做了尝试和探索。

关键词：数据挖掘,信息系统,公共图书馆

Abstract：The paper briefly introduces data mining technology and its commonly used methods,and takes Hangzhou Public Library as an example,who used data mining tool to analyze the age groups of teenagers based on the teenager book circulation data between 2008 and 2013, and digital resource browsing amount between 2012 and 2013, and concludes reading pattern trends and reading features of teenagers in Hangzhou.

Keywords：data mining, information system,public library

随着计算机和互联网的高速发展,大多数公共图书馆都使用各种先进的计算机信息系统为读者提供各类服务,伴随着中国社会的发展,各个公共图书馆的读者数量和流通量均出现明显增加,业务规模也不断扩大,各个信息系统中均积累了大量的读者对各类资源的历史访问数据,并且,读者对于阅读的需求,也在从传统的数量化的需求向个性化、精确化需求转变。以往,公共图书馆只专注于读者的基本阅读需求,强调通过传统手段为读者提供服务,多年积累下来的各种数据的价值没有引起很大的重视。近几年来,图书馆人也开始渐渐探索数据挖掘技术在图书馆的应用,而在此之前,数据挖掘技术已被广泛应用于各个领域,它通过现代信息技术,利用信息分析手段从大量的信息数据中去寻找、揭示和获取有用的知识和信息,从而使其产生了新的价值,进而创造了许多新的应用模式,为各个领域的发展提供了巨大的帮助。通过将数据挖掘技术引入到图书馆来,能在图书馆的服务质量、战略决策等方面提供技术支持,能为图书馆迎接数字化时代的各种挑战提供帮助。

蒋琦琦,杭州图书馆,馆员。Email:22246029@qq.com

黄明珊,杭州图书馆,馆员。

1　数据挖掘概述

1.1　什么是数据挖掘

数据挖掘(data mining),又译为资料探勘、数据挖掘、数据采矿。它是数据库知识发现(英文:Knowledge-Discovery in Databases,KDD)中的一个步骤。数据挖掘一般是指从大量的数据中自动搜索隐藏于其中的有着特殊关系性的信息的过程。数据挖掘通常与计算机科学有关,并通过统计、在线分析处理、情报检索、机器学习、专家系统(依靠过去的经验法则)和模式识别等诸多方法来实现上述目标。

1.2　数据挖掘的功能

数据挖掘的具体功能主要有以下几个方面:

1.2.1　概念描述

概念描述就是对某类对象的内涵进行描述,并概括这类对象的有关特征。具体的描述分为特征性描述和区别性描述。前者用于描述某类对象的共同特征,后者用于描述不同类对象之间的区别。

1.2.2　关联分析

数据关联是数据中存在的一类重要的可被发现的知识,若两个或多个变量间存在着某种规律性,就称为关联。关联可分为简单关联、时序关联、因果关联。

关联分析是从大量的数据中发现项集之间有趣的联系、相关关系或因果结构,以及项集的频繁模式。

1.2.3　分类与预测

分类是数据挖掘中的一项非常重要的任务。分类的目的是提出一个分类函数或者分类模型,该模型能把数据库中的数据项映射到给定类别中的一个。预测是利用历史数据建立模型,再运用最新数据作为输入值,获得未来变化的趋势或者评估给定样本可能具有的属性值或值的范围。

1.2.4　聚类分析

聚类是根据数据的不同特征,将其划分为不同的数据类。其目的是使得属于同一类别的个体之间的距离尽可能小,而不同类别的个体间的距离尽可能大。聚类与分类的区别在于,分类需要预先定义类别和训练样本,而聚类分析直接面向源数据,没有预先定义好的类别和训练样本,所有记

127

录都根据彼此相似程度加以归类。

1.2.5　偏差分析

偏差分析又称为比较分析,是对差异和极端特例的描述,揭示事物偏离常规的异常现象,其基本思想是寻找观测结果与参照值之间有意义的差别。偏差包括分类中的反常实例、不满足规则的特例、观测结果对模型预测的偏差、量值随时间的变化等。

1.3　数据挖掘的常用方法

1.3.1　聚类分析

聚类分析是一个比较活跃的数据挖掘研究领域,源于统计学、生物学以及机器学习等。聚类生成的组叫簇,簇是数据对象的集合。聚类分析的过程就是使同一个簇内的任意两个对象之间具有较高的相似性,不同簇的两个对象之间具有较高的相异性。

用于数据挖掘的聚类分析有划分的方法、层次的方法、基于密度的方法、基于网格的方法和基于模型的方法等。

1.3.2　决策树

决策树主要应用于分类和预测,提供了一种展示类似在什么条件下会得到什么值这类规则的方法。决策树分为分类树和回归树两种,分类树对离散变量做决策,回归树对连续变量做决策。

决策树是一个类似于流程图的树结构,树的最顶层结点是根结点,中间的结点是内部结点,末梢的结点是叶结点,其中根结点是整个数据集合空间,每个内部结点表示在一个属性上的测试,每个分支代表一个测试输出,每个叶结点代表类或类分布。

建立决策树的过程,即树的生长过程是不断地把数据进行切分的过程,每次切分对应一个问题,也对应着一个结点。对每个切分都要求分成的组之间的"差异"最大。各种决策树算法之间的主要区别是"差异"衡量方式的区别。数据挖掘中决策树是一种经常用到的技术,常用的算法有CHAID、CART、Quest、ID3 和 C4.5 等。

1.3.3　人工神经网络

人工神经网络是模仿人脑神经网络的结构和某些工作机制而建立的一种计算模型。这种计算模型的特点是利用大量的简单计算单元(即神经元)连成网络,来实现大规模并行计算。神经网络的工作机理是通过学习,来改变神经元之间的连接强度。由于人工神经网络具有自我组织和自我学习等特点,能解决许多其他方法难以解决的问题,因此得到较普遍的应用。

人工神经网络主要有前馈式网络、反馈式网络和自组织网络。

1.3.4　粗糙集

粗糙集是一种处理不确定、不完备数据和不精确问题的新的数学理论。粗糙集理论建立在分类机制的基础上,将知识理解为对数据的划分,并引入上近似和下近似等概念来刻画知识的不确定性和模糊性。模糊集和概率统计方法是处理不确定信息的常用方法,但这些方法需要一些数据的附加信息或先验知识,如模糊隶属函数和概率分布等,这些信息有时并不容易得到。粗糙集分析方法仅利用数据本身提供的信息,无须任何先验知识。

1.3.5　关联规则挖掘

关联规则挖掘是数据挖掘中最活跃的研究方法之一,最早由 Agrawal 等人提出(1993 年)。最初的动机是针对购物篮分析问题提出的,其目的是发现交易数据库中不同商品(项)之间的联系,由这些规则找出顾客购买行为模式,如购买了某一商品对购买其他商品的影响。发现这样的规则可以应用于商品货架设计、库存安排以及根据购买模式对用户进行分类。

关联规则的基本思想:一是找到所有支持度大于最小支持度的频繁项集,即频集;二是使用第一步找到的频集产生期望的规则。其核心方法是基于频集理论的递推方法。关联规则挖掘的主要算法包含关联发现、序列模式发现、时序发现等。

1.3.6　统计分析

统计分析是从事物的外在数量上的表现去推断该事物可能的规律。科学的规律性一般总是隐藏得比较深,最初总是从其数量表现上通过统计分析看出一些线索,然后提出一定的假说或学说,做进一步深入的理论研究。当理论研究提出一定的结论时,往往还需要在实践中加以验证,即观测一些自然现象或专门安排的实验所得资料是否与理论相符,在多大程度上相符,偏离可能是朝哪个方向,等等。

常见的统计分析有回归分析(多元回归、自回归)、判断分别(贝叶斯判别、费歇尔判别、非参数判别)以及探索性分析(主元分析、相关分析)等。

2　数据挖掘的实际应用——个性化服务

以杭州图书馆 2008 年至 2013 年的青少年图书借阅数据、2012 年至 2013 年数字资源阅览量为数据源，使用数据挖掘工具，对在数据中获取隐藏的客观现实规律的一次尝试和探索。

2.1　样本获取

从图书馆现有数据中获取了自 2008 年 1 月至 2013 年 12 月本馆所有借阅记录，从中提取年龄小于等于 28 周岁的读者的借阅记录，以及 2012 年 1 月至 2013 年 10 月本馆数字资源浏览记录作为此次分析的数据对象，统计此期间相应年龄段图书借阅册数和数字资源浏览量作为数据，建立数据源。

2.2　制定分类规则

以阅读方式、图书分类和年龄段划分为基准，制定分类规则。对于阅读方式的分类，我们在此将其分为传统纸质阅读和电子阅读；对于图书的分类，我们根据中国图书馆的图书分类方法（CLC），对借阅数据按五大类（G = 文化、科学、教育、体育，I = 文学，K = 历史、地理，J = 艺术，其他为一类）进行组织；年龄段的划分，从 0 岁开始，上限取较为合理的 28 岁，作为青少年的年龄段，并将这一年龄段划分为童年（0—6 岁）、少年启蒙期（7—10 岁）、少年逆反期（11—14 岁）、少年成长期（15—17 岁）和青年期（18—28 岁），共 5 个年龄段，这 5 个年龄段与青少年发育相适应，又兼顾与青少年的学习阶段的配合。

2.3　数据预处理

考虑到各个数据统计软件都无法直接对千万级的数据量进行直接操作的问题 1，我们使用 SQL SERVER 2005 来实现数据的预处理。预处理包括建立数据库，数据清洗和建立 SQL 查询这三个步骤。在数据清洗阶段去掉了不必要的字段和与本次研究不相关的借阅记录，并将分年的数据合并。

2.4　数据挖掘

在建立的数据源的基础上，根据分类规则，对清洗后的数据建立数据挖掘原语，并利用微软 Visual Studio 2005 提供的图形化工具生成挖掘结构，然后在 Visual Studio 2005 部署本文所需要进行数据挖掘过程，得到相关结果。

2.5　数据结果

采用 SQL 语言实现整理数据得到的几个结果：

表1　各个年龄段阅读的总体情况

年龄段	0—6	7—10	11—14	15—17	18—28
借阅量（册）	72 914	126 296	53 226	36 189	604 248

表2　各类图书各年份整体借阅情况　　　（单位：册）

年份／书类	2008 年	2009 年	2010 年	2011 年	2012 年	2013 年
G	2324	5353	8406	7886	5063	2935
I	52 750	76 206	79 600	64 173	40 553	28 689
K	5391	7414	5722	4586	3270	2588
J	39 259	56 675	31 987	16 035	17 488	6746
合计	99 724	145 648	125 715	92 680	66 374	40 958

表3　不同年份不同类型青少年的借阅情况　　　（单位：册）

年份／书类	2008 年	2009 年	2010 年	2011 年	2012 年	2013 年
0—6 岁	2050	7912	21 806	24 527	13 408	3211
7—10 岁	6399	15 616	36 791	35 155	25 257	7078
11—14 岁	6370	10 788	14 933	10 597	6596	3942
15—17 岁	7373	11 544	7339	4165	3182	2586
18—28 岁	126 661	177 755	115 752	70 457	60 107	53 516
合计	148 853	223 615	196 621	144 901	108 550	70 333

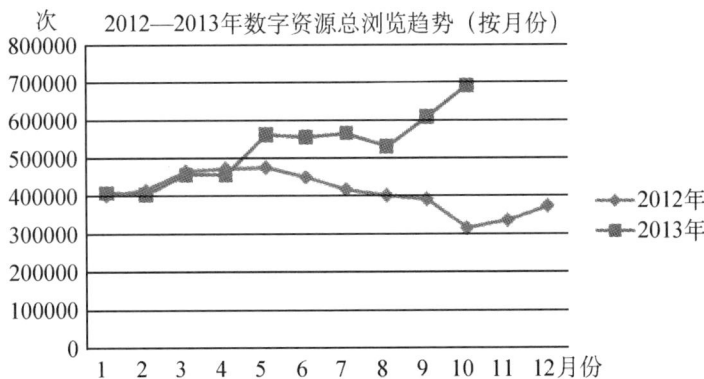

图1　数字资源总浏览量趋势

2.6　数据分析

2.6.1　图书借阅政策的导向性分析

从数据分析可知,2008年至2009年青少年的图书借阅量有明显的增长,分析本馆的政策变化,在2008年10月新馆开放,故2009年图书借阅量有一个明显的增长,其次在新馆开设后,从2009年开始在单次的借阅数量方面有所调整,单次借阅册数从3册升为6册,这些措施都对图书的借阅量起到了一个正面的促进作用,2011年,图书的借阅数量从6册又升为10册,虽然效果不如上次变化产生的结果明显,但还是在一定程度上引起了借阅量的变化,总体的数据借阅量呈现稳中略有升的趋势。

2.6.2　同一年份不同月份不同类型的借阅情况分析

从2009年开始,从调查的图书类型中可以看出,青少年的总图书借阅数量是下降的,特别是15—17岁、18—28岁的青少年的借阅量,2009—2013年持续下降,而这一现象还是比较值得担忧的。从借阅图书类型方面可知,K、J两类图书的借阅量呈持续下降趋势,考虑到青少年阅读是否在图书类型方面有变化,故对青少年其他书目的借阅量进行了统计,所得出的变化结果与前面基本一致,还是呈现下降趋势。得出结论,青少年在这几年的图书借阅数量在15—28岁年龄段上是总体呈下降趋势,其中,15—17岁的读者借阅图书的数量最少,而且从小类的分析来看,15—17岁年龄段的读者对G63(中等教育)的需求量最大。

2.6.3　数字资源总浏览量分析

将2012年与2013年各自1—10月的总浏览量进行比较,统计发现本馆2012年1—10月数字资源总浏览量为4 206 514次,2013年1—10月数字资源总浏览量为5 244 172次,仅仅一年内10个月的数字资源的总浏览量就增加了1 037 658次,而2013年整年青少年的传统纸质图书总借阅量比2012年减少了38 217册。从这一组数字鲜明的对比可以看出,实体图书在电子图书盛行背景下,青少年这个年龄阶段确实受到了一定程度的冲击。

2.6.4　个性化服务

通过对大量的读者借阅数据进行挖掘,分析有同种阅读偏好、其阅读文献方式相对较为集中的人群特征,寻找有趣的关联关系。如管理类和人力资源类图书的关联性很强,可以对相关借阅者进行推荐服务,提高图书

数据挖掘技术在公共图书馆的应用探索

资源的利用率。

3　结语

　　数据挖掘从图书馆大量的借阅数据中通过算法获取隐含中其中的信息,通过预测图书的借阅趋势来进行相对应的采购,进行馆藏优化;根据关联分析,有针对性地进行宣传、推广活动,为读者提供个性化、精确性的借阅服务,提高图书的借阅率。

　　通过本文的研究可以看出数据挖掘在公共图书馆应用中的实用性和有效性已经初见成效,在数据中获取隐藏的客观现实规律的尝试和探索,得到了较好的结果。但数据挖掘技术仍然面临着许多问题和挑战,等待着图书馆人去探索和研究。

参考文献

1　维基百科. 数据挖掘［EB/OL］.［2014 - 11 - 11］. http://zh. wikipedia. org/wiki/% E6% 95% B0% E6% 8D% AE% E6% 8C% 96% E6% 8E% 98

2　张兴会. 数据仓库与数据挖掘技术［M］. 北京:清华大学出版社,2011

3　沈学文,黄明珊,叶月翠. 青少年借阅量模型构建——基于杭州市图书馆借阅数据分析［J］. 中国校外教育,2012(12)